AF725847

Descentralización Para Satisfacer Necesidades Básicas

Una Guía Económica Para Profesionales

Un volumn en
Investigaciones de Negocios Hispanos y Latinos

Descentralización Para Satisfacer Necesidades Básicas

Una Guía Económica Para Profesionales

Dr. J. Michael McGuire
Universidad Incarnate Word
San Antonio, Texas
Estados Unidos de América

Traducción

Dra. Luz Romay
Lic. Maria Cristina Ariza

IAP
INFORMATION AGE PUBLISHING, INC.
Charlotte, NC • www.infoagepub.com

Library of Congress Cataloging-in-Publication Data

McGuire, J. Michael (James Michael), 1940-
[Decentralization for satisfying basic needs. Spanish]
Descentralizacisn para satisfacer necesidades basicas : una guma econsmica para profesionales / J. Michael McGuire.
p. cm. – (Research in Hispanic and Latino business)
Includes bibliographical references.
ISBN 978-1-60752-008-5 (pbk.) – ISBN 978-1-60752-009-2 (hardcover)
1. Poverty–Latin America. 2. Decentralization in government–Latin America. 3. Economic assistance, American. 4. Latin America–Economic conditions. I. Title.
HC130.P6M3418 2009
362.5'56098–dc22

2008046560

Derechos reservados © 2009 Information Age Publishing Inc.

Prohibida la reproducción total o parcial de esta obra, pos cualquier medio o método sin autorización por escrito del editor.

Impreso en los Estados Unidós de América

A
Patience
y

Don Serapio

CONTENIDO

PARTE PRIMERA
DESARROLLO INCLUYENTE

PARTE SEGUNDA
MODELO DE DESCENTRALIZACIÓN

PARTE TERCERA

ESTUDIOS DE CASO

LISTADO DE TABLAS, FIGURAS Y CUADROS

Tablas

Descentralización Para Satisfacer Necesidades Básicas, páginas ix–x

Desechor reservados respicto a cualquier forma de reproducción
© 2009 por Information Age Publishing

Figuras

Cuadros

ABREVIATURAS

AOD: Asistencia Oficial para Desarrollo
BEA: *Bureau of Economic Analysis*
BID: Banco Interamericano de Desarrollo
BM: Banco Mundial
CAD: Comité de Ayuda para Desarrollo
CEDEMUN: Centro Nacional de Desarrollo Municipal
CEPAL: Comisión Económica para América Latina
CIDE: Centro de Investigación y Ciencias Económicas
CIDAI: Centro de Información, Documentación y Apoyo a la Investigación
CIESIN: *Center for International Earth Science Information Network, Colombia University*
COPLADE: Comité de Planeación del Estado
COPLADET: Comité de Planeación del Estado de Tlaxcala
DAC: *Development Assistance Committee*
DSI: Modelo Desarrollo por Sustitución de Importaciones
ESNB: Esfuerzo para Satisfacer Necesidades Básicas
FAIS: Fondo de Aportaciones para la Infraestructura Social
FAISE: Fondo de Aportaciones para la Infraestructura Social Estatal
FAISM: Fondo de Aportaciones para la Infraestructura Social Municipal
FGP: Fondo General de Participaciones
FMI: Fondo Monetario Internacional
FOD: Finanzas Oficiales de Desarrollo
FUSADES: Fundación Salvadoreña para el Desarrollo Económico y Social.
IDH: Índice de Desarrollo Humano

Descentralización Para Satisfacer Necesidades Básicas, páginas xi–xii
Desechor reservados respicto a cualquier forma de reproducción
© 2009 por Information Age Publishing

IFAD: *International Fund for Agricultural Development*
IFC: *International Finance Corporation*
IFPRI: *International Food Policy Research Institute*
IMF: *International Monetary Fund*
INB: Ingreso Nacional Bruto
INEGI: Instituto Nacional de Información Geográfica y Informática
IVA: Impuesto sobre Valor Agregado
MCA: *Millennium Challenge Account*
MCC: *Millennium Challenge Corporation*
OCED: Organización para Cooperación Económica y Desarrollo
ONG: Organización No Gubernamental
PIB: Producto Interno Bruto
PNB: Producto Nacional Bruto
PNUD: Programa de las Naciones Unidas para el Desarrollo
PPA: Paridad de Poder Adquisitivo
SEGOB: Secretaría de Gobernación de México
SHCP: Secretaría de Hacienda y Crédito Público de México
SII: Sustitución de Importaciones para Industrialización
UNESCO: *United Nations Educational Scientific and Cultural Organization.*
UNICEF: *United Nations International Children's Emergency Fund*
USAID: *United States Agency for International Development*
USD: Dólares Americanos
YCELP: *Yale Center for Environmental Law and Policy*

PREFACIO

Más del 25% de los latinoamericanos viven con menos de USD $2 diarios. Innumerables más apenas sobreviven con ingresos ligeramente más altos. Además, Latinoamérica es la región con mayor desigualdad de ingresos en todo el mundo. Dado el ingreso per cápita tan bajo de la región (menos de una quinta parte de el de los Estados Unidos) esta severa desigualdad implica una terrible pobreza para aquellos en la base de la escala de ingresos.

La mejor solución a la pobreza y desigualdad incluye la satisfacción de las necesidades básicas. El satisfacer las necesidades básicas, tales como educación, salud y nutrición, aumenta la productividad de los pobres. Esto implica una oportunidad indispensable de ganar un ingreso suficiente para salir de la pobreza y llevas una vida plena.

El satisfacer las necesidades básicas hace mucho más que dotar a los *pobres* de una oportunidad de llevas una vida plena y productiva. Esto también repercute en el desarrollo de la *nación*. Mejorar la productividad de los pobres también aumenta la cantidad y calidad de los bienes y servicios disponibles para el consumo general, lo cual, baja los costos y precios, y aumenta las ganancias. La satisfacción de las necesidades básicas es una forma de desarrollo no solamente para los pobres, sino también para la nación.

La descentralización es un proceso de transferencia de decisiones sobre gastos e impuestos del gobierno central a entidades subordinadas, tales como los Estados y municipios. La descentralización puede contribuir inmensamente, y de muchas maneras, a la satisfacción de las necesidades básicas de la población pobre. Por ejemplo, uno de los aspectos más debilitantes de la pobreza es la falta de voz ciudadana. El acercamiento

Descentralización Para Satisfacer Necesidades Básicas, páginas xiii–xv
Desechor reservados respicto a cualquier forma de reproducción
© 2009 por Information Age Publishing

del gobierno hacia los pobres, mediante la descentralización, puede dar a los excluidos voz ciudadana y poder sobre los bienes y servicios básicos que provee el gobierno. Esto puede aumentar la calidad de la entrega y la sustentación de los bienes y servicios.

Sin embargo, la descentralización no es una cura automática para el mejoramiento de la entrega de los bienes y servicios básicos proveídos por el gobierno. Por ejemplo, la descentralización de gastos e impuestos a gobiernos locales corruptos puede en realidad reducir la cantidad de fondos disponibles para la satisfacción de las necesidades básicas.

La descentralización es un *proceso* que debe tomar en cuenta tanto las fortalezas como las debilidades de cada nivel de gobierno. Hay muchos niveless posibles de descentralización y cada uno aprovecha algunas fuerzas y compensa algunas debilidades. El reto para quienes diseñan *procesos* de descentralización es que sean efectivos en el mundo imperfecto en que vivimos. El tema tratado en este libro está enfocado en cómo diseñar un programa de descentralización que sea más eficaz para satisfacer las necesidades básicas de los pobres, considerando las circunstancias reales del país.

El método de análisis presenta un modelo de descentralización que identifica a los agentes claves en el proceso y las relaciones ideales entre estos agentes. Posteriormente, se muestran casos de estudio de descentralización en ejecución en el mundo real y se analizan a la luz del modelo. En los análisis se identifican las fortalezas y debilidades de cada caso, y se generan recomendaciones para dar los próximos pasos en el proceso de descentralización.

El objetivo de este libro es asistir a los lectores mejorar sus habilidades en el uso de la descentralización para satisfacer las necesidades básicas como vía de desarrollo. El objetivo no es "dar respuesta" a la pregunta de cómo descentralizar, sino proveer una visión interna de la descentralización *como un proceso*, ayudando a que diversos profesionales a que desarrollen habilidades para diseñar sus propios programas de descentralización.

El libro se enfoca en satisfacer las necesidades básicas en América Latina, pero el método analítico que se presenta es aplicable a otras regiones del mundo. El libro no presupone conocimiento de Economía; sin embargo, cursos en Principios de Economía, Economía de América Latina, y Finanzas Públicas enriquecerán la comprensión. El libro ayudará a los funcionarios públicos y ciudadanos que intervienen en la determinación de políticas públicas para el desarrollo social. Puede usarse como texto suplementario para los estudiantes que llevan los cursos de Economía de Latinoamérica, Economía de Desarrollo, Economía Política, Administración Pública, Ciencias Políticas, Estudios de Latinoamérica y otros campos similares.

Tengo una gran deuda de gratitud con muchas personas que han sido indispensables para completar este trabajo. El consejo y ánimo de mi esposa, la Dra. Patience Lea McGuire, quien proveyó mucha visión y colaboró para la terminación del manuscrito a tiempo. Utilizó sus maravillosas habilidades en computación para producir las figuras de los capítulos 3, 4 y 10. Al C.P. Juan Daniel López Barroso, quien dio ánimos y generosamente arregló entrevistas con funcionarios públicos en México, que de otra manera hubieran sido imposibles. Juan Daniel López Barroso, Director General del periódico *Zona Norte* en la ciudad de México, concedió entrevistas informativas, arregló muchas entrevistas con funcionarios públicos y otras personas; ayudó a financiar cuatro viajes a la ciudad de México y proveyó transporte indispensable. A Patricia Andrade, reportera de *Zona Norte*, quien generosamente compartió conmigo su gran experiencia sobre México, arregló entrevistas con funcionarios públicos Mexicanos y con personas sufriendo las consecuencias de la pobreza, y además, enriqueció las entrevistas con su presencia. Los traductores, la Dra. Luz Romay, CCVI, y la Lic. Cristina Ariza ayudada por el Ing. Miguel Toscazo Briceño, dieron generosamente de su tiempo para producir la edición en español.

Un sabático concedido por la Universidad de Incarnate Word me dio tiempo para completar el manuscrito. El Dr. Michael Mulnix, Director de Posgrado e Investigación, me animó a tomar el proyecto, y como editor facilitó enormemente su terminación. Un subsidio del Título V del Departamento de Educación de los Estados Unidos ayudó a financiar viajes a El Salvador y a México y a comprar los materiales que se usaron en el proyecto. El Ing. Miguel Toscano Briceño ayudó en la primera revisión.

Tengo una deuda con muchos intelectuales, cuyo trabajo en Economía del Desarrollo sirvió de base para elaborar este libro. Una beca Fulbright a la Universidad Centro Americana José Simeón Cañas (UCA) de San Salvador, subsiguientes invitaciones anuales de la UCA para enseñar e investigar, y la ayuda de muchos intelectuales y amigos salvadoreños contribuyó inmensamente a aumentar mi entendimiento de América Latina, su pobreza y desigualdad, así como también del modelo de la satisfacción de las necesidades básicas como vía al desarrollo. Los sacerdotes Jesuitas de la UCA han sido mi inspiración para permanecer fiel a la causa del mejoramiento de la sociedad dándoles a los pobres mayores oportunidades de llevas una vida plena. Cualquier debilidad en este libro es enteramente mi responsabilidad.

INTRODUCCIÓN

Denles los ladrillos y ellos construirán sus propias casas.
—Anónimo

Una pequeña comunidad llamada Calle Real demuestra el poder de satisfacer las necesidades básicas de los pobres. Los residentes de Calle Real emigraron de una comunidad rural en una zona de conflicto a las afueras de San Salvador, a la capital de El Salvador, al comienzo de los 12 años de la guerra civil de ese país (1979–1991). Llegaron completamente desposeídos, solamente con lo que habían podido cargar.

Su iglesia les dio un terreno. Una fundación Canadiense les proporcionó ladrillos y cemento. Con estos recursos, los refugiados construyeron sus propias casas. La comunidad se reunía los domingos por la tarde para planear su desarrollo. Los lotes para las casas fueron distribuidos por medio de sorteo. Las diferentes tareas de construcción para cada semana se distribuían entre los miembros de la comunidad. Juntos construyeron las casas una por una. Sembraron flores al frente de sus casas. Ahora los niños juegan en las calles.

Estas casas, que son mejores que las típicas chozas ocupadas por los salvadoreños de bajos ingresos, han tenido un profundo impacto en la gente de Calle Real. Han ayudado a mantener a padres e hijos saludables, tanto mental como físicamente. La buena salud, a su vez, ayuda a que los niños atiendan la escuela regularmente, a que aprendan y se preparen para ganar una vida decente en el futuro.

Descentralización Para Satisfacer Necesidades Básicas, páginas xvii–xix
Desechor reservados respicto a cualquier forma de reproducción
© 2009 por Information Age Publishing

"Denles los ladrillos y ellos construirán sus propias casas." Esta es una metáfora que describe el enfoque de la satisfacción de las necesidades básicas como una vía para el desarrollo. En Calle Real otras necesidades básicas fueron satisfechas gracias a las donaciones de personas generosas y así la comunidad ha florecido. Satisfacer las necesidades básicas es como darle ladrillos a la gente: crea una oportunidad indispensable para el progreso. Ellos no fallarán en aprovechar esa oportunidad.

La satisfacción de las necesidades básicas hace más que liberar a los pobres para que mejoren su calidad de vida. También da un empuje a la economía de la *nación*. Al repetir la experiencia de Calle Real por darles a los pobres la oportunidad de estar más productivos, se agiliza el crecimiento del Producto Nacional Bruto (PNB) de tal manera que la nación tiene más bienes y servicios disponibles para el consumo. Entre más productivos sean los pobres más se bajan los costos de producción, lo cual, a su vez, aumenta las ganancias y baja los precios para todos. La satisfacción de las necesidades básicas tiende a bajar los impuestos al reducir la necesidad de gasto público en subsidios para el bienestar social y en combatir el crimen. La satisfacción de las necesidades básicas no es ante todo un programa de beneficencia pública sino un planteamiento hacia el desarrollo nacional. La mejor manera de enfocar el tema del desarrollo nacional incluye el satisfacer las necesidades básicas de los pobres.

Los gobiernos proveen varios bienes y servicios básicos como educación, salud pública, agua potable, alcantarillado y vivienda. La descentralización, como un proceso de transferencia de decisiones sobre gastos e impuestos del gobierno central a entidades tales los Estados y municipios, puede ser una gran ayuda para entregar esos servicios más efectivamente.

Por ejemplo, acercando el gobierno al pueblo se ayuda a superar la calamidad de la pobreza, la falta de voz ciudadana. Dándole más voz ciudadana al pueblo se puede mejorar la planificación y ayudar al gobierno a diseñar servicios que den respuesta a las necesidades particulares de su jurisdicción. Más voz ciudadana puede incrementar la vigilancia y responsabilidad del gobierno. Más voz ciudadana puede hacer los proyectos de desarrollo más sostenibles.

A pesar de sus beneficios potenciales, la descentralización no es una garantía automática para la entrega efectiva de servicios. Por ejemplo, si un gobierno centralizado que está a favor de los pobres descentraliza gastos e impuestos a gobiernos locales que favorecen a las elites, entonces la voz ciudadana de los pobres tal vez no se vuelva a escuchar jamás, y la oferta de bienes y servicios básicos a los pobres posiblemente disminuirá. La descentralización es un proceso con muchos pasos. Se tiene que diseñar cada paso diferentemente para tomar en cuenta las fortalezas y debilidades del mundo real, y para prepararse para dar el próximo paso hacia adelante.

El propósito de este libro es ayudar a los servidores públicos, gubernamentales o privados, a que desarrollen habilidades en el diseño y uso de estrategias para la descentralización orientada a satisfacer eficazmente las necesidades básicas de los pobres. El objetivo no es "dar respuesta" sino proveer una visión interna de la descentralización *como un proceso* y ayudar a esos agentes sociales a desarrollar habilidades para diseñar sus propios programas de descentralización. El objetivo final es un desarrollo justo y sostenible para todos.

El primer capítulo muestra la importancia de satisfacer las necesidades básicas, describiendo la pobreza y desigualdad que afligen a América Latina. El segundo capítulo presenta el modelo de la satisfacción de las necesidades básicas para el desarrollo como el medio esencial para tratar esa pobreza y desigualdad. El tercer capítulo presenta un modelo para que el gobierno entregue esos servicios efectivamente. El modelo identifica a los agentes principales en ese proceso y describe las relaciones entre los agentes que haría efectiva su entregamiento. El cuarto capítulo extiende el modelo de entrega de servicios para desarrollar un modelo de descentralización.

Los capítulos del quinto al diez presentan seis casos de estudio de descentralización en la práctica. Cada capítulo describe un estilo distinto de descentralización que fue desarrollado como respuesta a circunstancias imperfectas en el mundo real. El capítulo usa el modelo de descentralización para identificar las fortalezas y debilidades del caso y para recomendar el próximo paso adelante en el proceso de descentralización.

La esperanza es que la práctica en el análisis teórico de casos en el mundo real desarrolle en el lector habilidades para diseñar e implementar un proceso de descentralización que promueva eficazmente el modelo de satisfacción de las necesidades básicas como vía para el desarrollo.

PARTE PRIMERA

DESARROLLO INCLUYENTE

CAPÍTULO 1

POBREZA Y DESIGUALDAD EN AMERICA LATINA

No nos dan paja y, sin embargo, se nos ordena hacer ladrillos
—Éxodo 5:16

INTRODUCCION

El desarrollo incluyente es un proceso en el que todos pueden contribuir de acuerdo a su potencial, y también disfrutar de la parte de los beneficios de ese proceso que les corresponde. El propósito de este capítulo es describir la necesidad de un desarrollo más incluyente en América Latina.

Exploramos la pobreza en Latinoamérica examinando tres medidas de pobreza: el ingreso nacional per cápita, la proporción de la gente que está debajo del nivel de pobreza y un índice de pobreza. Exploramos la desigualdad estudiando dos medidas de desigualdad, el Índice de Gini y razones de ingreso ganadas por distintas clases de gente.

INGRESO NACIONAL

Para propósitos de este estudio, el término "América Latina" se refiere a México, los países de Centroamérica y Sudamérica. En la Tabla 1.1 se

Descentralización Para Satisfacer Necesidades Básicas, páginas 3–17
Desechor reservados respicto a cualquier forma de reproducción
© 2009 por Information Age Publishing

TABLA 1.1 Ingreso Nacional

(1) País	(2) Población (2004) (millones)	(3) PIB per cápita (PPA US$ (2004)	(4) PIB per cápita Crecimiento Anual (1990–2004)	(5) Inflación (1990–2004)	(6) Inflación (2003–2004)
Argentina	38.4	13,298	1.3	7.1	4.4
Bolivia	9.0	2,720	1.2	6.1	4.4
Brasil	183.9	8,195	1.2	98.3	6.6
Chile	16.1	10,874	3.7	6.7	1.1
Colombia	44.9	7,256	0.5	16.1	5.9
Costa Rica	4.3	9,481	2.5	13.7	12.3
Ecuador	13.0	3,963	0.2	36.0	2.7
El Salvador	6.8	5,041	1.8	6.2	4.5
Guatemala	12.3	4,313	1.3	8.8	7.4
Honduras	7.0	2,876	0.2	15.7	8.1
México	105.7	9,803	1.3	15.7	4.7
Nicaragua	5.4	3,634	0.1	20.4	8.4
Panamá	3.2	7,278	2.2	1.1	0.4
Paraguay	6.0	4,813	–0.8	11.5	4.3
Perú	27.6	5,678	2.1	16.6	3.7
Uruguay	3.4	9,421	0.8	23.9	9.2
Venezuela	26.3	6,043	–1.2	39.3	21.8
Latino América	513.3	6,746	1.1	20.2	6.5
Desarrollo Humano Medio	4433.1	4,901	2.9	n.d.	n.d.
Estados Unidos	295.4	39,676	1.9	2.6	2.7

n.d. = no disponible

Fuentes: Informe sobre Desarrollo Humano 2006, Tabla 5 (297–300), Tabla 1 (283–286), Tabla 14 (331–334).

encuentra la lista de los países de América Latina y los indicadores de sus ingresos nacionales.

Población

La columna (2), "Población," indica una amplia variedad en el tamaño de los países desde Panamá con 3.2 millones de habitantes hasta Brasil con 183.9 millones. En el año 2004 la población de Latinoamérica (513.3 millones) era casi el doble de la de los Estados Unidos (295.4 millones).

Producción e Ingreso

La columna (3) muestra el Producto Interno Bruto (PIB) per cápita en dólares (Paridad del Poder Adquisitivo, PPA) de cada país para el año 2004. La definición del término (ver explicación más abajo) mostrará que la columna (3) provee estimaciones de los ingresos nacionales que son comparables entre los países.

El Producto Interno Bruto (PIB) es el valor de todos los bienes y servicios producidos en un país durante un período determinado de tiempo. Cada vez que alguien gasta $1, alguien más gana $1. Por lo tanto se puede calcular el PIB de dos maneras: (1) midiendo los gastos en bienes y servicios producidos, y (2) midiendo el ingreso ganado por la venta de la producción. Nuestro enfoque es ver el PIB como medida del ingreso nacional, y como tal, una medida del bienestar nacional.

El PIB per cápita es el ingreso total ganado en un país determinado entre la población de ese país. Esta fórmula mide el promedio del ingreso ganado durante un año por persona.

La Paridad de Poder Adquisitivo (PPA) es el tipo de cambio que refleja las diferencias de precios entre países y permite la comparación internacional de ingresos. $1 USD de PPA tiene el mismo poder adquisitivo en la economía nacional que $1 USD en los Estados Unidos (PNUD 2006, 425; Naciones Unidas, 2004, p. 274).

Consecuentemente, la columna 3 muestra el ingreso promedio por persona en términos de dólares americanos ganados durante el año 2004. La tabla muestra una gran desigualdad de ingresos entre los países latinoamericanos. El PIB per cápita va desde un mínimo de $2,720 en Bolivia a un máximo de $13,298 en Argentina. El PIB per cápita en Argentina es casi 5 veces más grande que el de Bolivia.

El PIB per cápita promedio para toda América Latina y el Caribe fue de $6,746 en el año 2004. El de los Estados Unidos fue casi 6 veces más grande ($39,676). El promedio del ingreso latinoamericano es menos de una quinta parte del promedio del ingreso norteamericano. El promedio de ingreso Boliviano es menos de un catorceavo del ingreso promedio norteamericano. Por lo tanto, Latinoamérica es una región relativamente pobre.

El PIB per cápita esconde la gravedad de la pobreza en América Latina. Se calcula El PIB per cápita dividiendo el ingreso total de la nación entre su población. Esto da un número promedio que ignora la distribución del ingreso. Como veremos después, Latinoamérica es la región con más desigualdad de ingreso en el mundo. Unas personas reciben muchísimo menos que el ingreso promedio mientras otras reciben mucho más.

Crecimiento

La columna 4 de la Tabla 1.1 muestra el promedio anual de la tasa de crecimiento para los países latinoamericanos durante el periodo 1990–2004. Es muy importante considerar la tasa de crecimiento de cada país porque el crecimiento económico es el factor de mayor contribución en la reducción de la pobreza (Nafziger, 1997, p. 125).

El "crecimiento" mide el cambio de la cantidad de bienes y servicios que se producen durante el año. Por lo tanto, la columna 4 muestra el promedio de los cambios anuales del poder adquisitivo de cada nación durante el período 1990–2004. ¿Está aumentando rápidamente el poder adquisitivo de los latinoamericanos?

Nuevamente, hay una amplia variación en el rendimiento de las economías latinoamericanas. El poder adquisitivo de los venezolanos cayó un 1.2% por año durante los últimos catorce años, mientras que el de los chilenos tuvo un crecimiento extraordinario de un 3.7% por año en el mismo período.

El índice de crecimiento en América Latina ha sido relativamente bajo. El poder adquisitivo de todos los latinoamericanos aumentó 1.1% por año entre los años 1990 y 2004 comparado con el 2.9% para todos los países de desarrollo humano medio y 1.9% para los Estados Unidos.

Inflación

La inflación es otra medida de bienestar económico muy importante. La inflación es el aumento porcentual del nivel general de los precios. La inflación disminuye el poder de compra para personas con ingresos fijos. Con razón la inflación ha sido llamada "el impuesto más cruel sobre los pobres."

Las columnas 5 y 6 de la Tabla 1.1 muestran el promedio de las tasas de inflación de cada país para los períodos entre los años 1990–2004 y 2003–2004. Para el primer período, la inflación varió entre el 1.1% (Panamá) y el 98.3% (Brasil). Para el segundo período, la inflación estuvo entre el 0.4% (Panamá) y el 21.8% (Venezuela). Los promedios de la tasa de inflación en Latinoamérica (20.2% y 6.5%) son mucho más altos que los de Estados Unidos (2.6% y 2.7%). Sin embargo, la inflación en Latinoamérica ha estado bajando a través de los años.

La inflación es más que un impuesto sobre los pobres y otros con ingresos fijos. Una tasa de inflación alta tiende a bajar el crecimiento. Es notable que todos los países excepto Brasil que tuvieron tasas de inflación mayores que el promedio para los años 1990–2004 (Ecuador, Nicaragua, Uruguay y Venezuela) tuvieron una tasa de crecimiento más baja que la tasa media para toda Latinoamérica.

POBREZA DE INGRESO

Las columnas 2 y 3 de la Tabla 1.2 muestran los porcentajes de Latinoamericanos que viven en la pobreza. El Banco Mundial de manera algo arbitraria fijó los límites de la pobreza en $1 USD y $2 USD por día a precios de 1985.

TABLA 1.2 Pobreza de Ingresos, 1990–2004[a]

(1) País	(2) % <$1 por día[b]	(3) % <$2 por día[c]	(4) Población <$1 por día (millones)[d]	(5) Población <$2 por día (millones)[d]
Argentina	7.0	23.0	2.69	8.83
Bolivia	23.2	42.2	2.09	3.08
Brasil	7.5	21.2	13.79	38.99
Chile	2.0	9.6	0.32	1.55
Colombia	7.0	17.8	3.14	7.99
Costa Rica	2.2	7.5	0.10	0.32
Ecuador	15.8	37.2	2.05	4.84
El Salvador	19.0	40.6	1.29	2.76
Guatemala	13.5	31.9	1.66	3.92
Honduras	20.7	44.0	1.45	3.08
México	4.4	20.4	4.65	21.56
Nicaragua	45.1	79.9	2.44	4.32
Panamá	6.5	17.1	0.21	0.55
Paraguay	16.4	33.2	0.98	1.99
Perú	12.5	31.8	3.45	8.78
Uruguay	2.0	5.7	0.07	0.19
Venezuela	8.3	27.6	2.18	7.26
Latino América	n.d.	n.d.	42.56	120.73
% de Latino América	n.d.	n.d.	8.3	23.5

[a] Datos refieren al año más reciente y disponible durante el período especificado.
[b] La linea de pobreza equivale $1.08 (1993 PPA US$)
[c] La linea de pobreza equivale $2.15 (1993 PPA US$)
[d] Estimado usando los datos de la Tabla 1.1
n.d. = no disponible
Fuente: Human Development Report 2006, Table 3, pp. 292–294

El límite bajo ($1 USD) es llamado la línea de "extrema pobreza" e intenta medir el ingreso necesario para satisfacer las necesidades nutricionales básicas, es decir, una dieta diaria de 2,250 calorías por persona (Nafziger 1997, p. 127). El límite alto ($2 USD) provee para gastos adicionales tales como vestido y alojamiento.

El porcentaje de la población que vive con menos de $1 USD diario varía desde un mínimo de 2% en Chile y Uruguay, hasta un máximo de 45.1% en Nicaragua. El porcentaje de la población que vive con menos de $2 USD diarios abarca desde un mínimo de 5.7% en Uruguay hasta el casi increíble máximo de 79.9% en Nicaragua.

Las columnas 4 y 5 usan los datos de población de la Tabla 1.1 para calcular los números absolutos de gente que estaba viviendo con menos de $1 y $2 USD por día en el año 2004. Las dos últimas columnas de la tabla muestran que 42.56 millones de latinoamericanos, 8.3% de la población, estaban viviendo con menos de $1 USD diario en el año 2004 y que 120.73 millones de latinoamericanos, casi 25% de la población, estaban viviendo con menos de $2 USD diarios.

Si una de cada cuatro personas en Latinoamérica vive con menos de $2 USD diarios, ¿cuántos más están viviendo con menos de $3, $5, $10 o $25 USD diarios? Latinoamérica no es la región más pobre del mundo pero su gente está terriblemente despojada. Con la pobreza viene el sufrimiento. Por esto el Banco Mundial ha declarado que "alcanzar un desarrollo sostenible y equitativo continúa siendo el mayor reto de la raza humana" (Banco Mundial, 1992, p. 1).

ACCESO A LOS BIENES Y SERVICIOS BÁSICOS

La segunda manera de medir la pobreza es medir el acceso a los bienes y servicios básicos. La Tabla 1.3 muestra una medida de acceso general a los bienes y servicios básicos—la esperanza de vida—y algunos indicadores específicos de niveles de educación, salud y nutrición.

Medida General

Se ha demostrado que la esperanza de vida es una de las mejores medidas de acceso general a los bienes y servicios básicos (Streeten et al., 1981, p. 94). La idea es que si las necesidades básicas se satisfacen, las personas llevan una vida larga. La esperanza de vida es el número de años que un recién nacido puede vivir si los patrones prevalecientes de mortalidad fueran a mantenerse a través de la vida de ese infante (Naciones Unidas, 2004, p. 272).

TABLA 1.3 Acceso a Bienes y Servicios Básicos

(1) País	(2) Esperanza de vida al nacer (años) 2004	(3) Tasa neta de matriculación en educación primaria (%) 2004	(4) Tasa de mortalidad infantil (Por cada 1.000 nacidos vivos, 2004)	(5) Niños con peso insuficiente para la edad (% menores de 5 años, 1996–2004)[a]
Argentina	74.6	99	16	5
Bolivia	64.4	95	54	8
Brasil	70.8	93	32	6
Chile	78.1	...	8	1
Colombia	72.6	83	18	7
Costa Rica	78.3	...	11	5
Ecuador	74.5	98	23	12
El Salvador	71.1	92	24	10
Guatemala	67.6	93	33	23
Honduras	68.1	91	31	17
México	75.3	98	23	8
Nicaragua	70.0	88	31	10
Panamá	75.0	98	19	7
Paraguay	71.2	...	21	5
Perú	70.2	97	24	7
Uruguay	75.6	...	15	5
Venezuela	73.0	92	16	4
Promedio Latino América	72.4	93.6	23.5	8.2
Estados Unidos	77.1	92	7	1.0

[a] Los datos corresponden al año más reciente disponible durante el período especificado, menos Uruguay, Paraguay, y los Estados Unidos.

Fuentes: Informe sobre Desarrollo Humano 2006, Tabla 1, 168–171; Tabla 12, 323–326; Tabla 10, 315–318; Tabla 7, 305–308

Nota: ... = no disponible

La esperanza de vida varía desde un bajo de 64.4 años en Bolivia hasta 78.3 años en Costa Rica. Como punto de referencia, en los Estados Unidos la esperanza de vida era 77.1 años en el año 2004. Se espera que los bolivianos vivan casi 13 años menos que los norteamericanos. Esto implica un severo y desalentador acceso a los bienes y servicios básicos en ese país. Podríamos decir que Costa Rica "ha arribado."

El promedio de esperanza de vida para América Latina es 72.4 años. Esto es 4.7 años más corta que la esperanza de vida en los Estados Unidos

(77.1) señalando que el nivel alcanzado en la satisfacción de las necesidades básicas es relativamente bajo.

Educación

La tasa neta de la inscripción en el nivel de primaria es el número de estudiantes matriculados en ese nivel de enseñanza y que tienen la edad escolar oficial para ese nivel, como porcentaje de la población en edad escolar oficial para ese nivel (United Nations, 2006, p. 405). La enseñanza primaria cubre elementos básicos de educación y se imparte en centros como escuelas primarias o elementales (United Nations, 2006, p. 405).

Colombia tiene la tasa neta de inscripción más baja en América Latina, 83%. En Colombia, casi 2 de cada 10 niños en edad escolar no asisten la escuela. Seis países alcanzan tasas netas de inscripción del 95% o más (Argentina, Bolivia, Ecuador, México, Panamá y Perú).

La información indica que el país latinoamericano promedio ha superado la tasa neta de inscripción que los Estados Unidos (93.6% vs. 92%). Esas tasas altas en América Latina pueden deberse en parte a datos erróneos, pero también refleja recientes esfuerzos para mejorar los servicios educativos. Estos esfuerzos se deben aplaudir.

Sin embargo el concepto de la tasa neta de inscripción neta ignora grandes diferencias en calidad entre las escuelas de las dos regiones. Las escuelas latinoamericanas frecuentemente están demasiado pobladas y carecen de materiales, profesores debidamente preparados, tecnología, etc.

Salud

La tasa de mortalidad infantil es la probabilidad de morir entre el nacimiento y al cumplir exactamente un año de edad, expresada por cada 1,000 nacidos vivos (United Nations, 2006, p. 407). Esta tasa es un signo de mala salud, no solo en los infantes, sino también en las madres que los dieron a luz. La tasa promedio de mortalidad infantil para América Latina es casi cuatro veces mayor que la de los Estados Unidos.

Nutrición

La frase, "los niños menores de 5 años que están desnutridos y con peso insuficiente para su edad," incluye aquellos niños cuyo peso es bajo o severamente insuficiente. Se define el peso moderadamente bajo como más de dos desviaciones estándar debajo del peso promedio para esa edad.

Peso severamente bajo se define como más de tres desviaciones estándar debajo del peso promedio para esta edad (United Nations, 2006, p. 410).

En Latinoamérica más de 8% de los niños menores de 5 años tienen peso insuficiente. En el caso peor—Guatemala—casi uno de cada cuatro niños tiene bajo peso. Para los niños desnutridos es difícil aprender. Se sabe que la deficiente alimentación en los niños tiene efectos perjudiciales para su salud a lo largo de la vida (Skoufias, 2001, p. 59).

ÍNDICE DE POBREZA

La Tabla 1.4 mide la pobreza usando un índice compuesto, el Índice de Desarrollo Humano (IDH). Un índice de pobreza es una medida que incorpora las distintas características que hacen pobre a la persona.

TABLA 1.4 Índice de Desarrollo Humano

(1) País	(2) Índice de Desarrollo Humano (IDH) 2004	(3) Índice de Desarrollo Humano (IDH) 1990	(4) IDH Mejoramiento (1990–2004)
Argentina	0.863	0.810	0.053
Bolivia	0.692	0.603	0.089
Brasil	0.792	0.714	0.078
Chile	0.859	0.784	0.075
Colombia	0.790	0.727	0.063
Costa Rica	0.841	0.791	0.050
Ecuador	0.765	0.710	0.055
El Salvador	0.729	0.648	0.081
Guatemala	0.673	0.583	0.090
Honduras	0.683	0.624	0.059
México	0.821	0.761	0.060
Nicaragua	0.698	0.589	0.109
Panamá	0.809	0.748	0.061
Paraguay	0.757	0.719	0.038
Perú	0.767	0.706	0.061
Uruguay	0.851	0.803	0.048
Venezuela	0.784	0.759	0.025
Promedio América Latina	0.775	0.710	0.064
Estados Unidos	0.948	0.914	0.034

Fuentes: Informe sobre Desarrollo Humano 2006, Tabla 1, (283–286), Human Development Report 2004, Table 2, 143–146.

La columna 2 muestra el Índice de Desarrollo Humano de los países latinoamericanos en el año 2004. El IDH es calculado por el Programa de las Naciones Unidas para el Desarrollo (United Nations, 2004, pp. 258–263). El IDH mide el promedio de los avances en las tres dimensiones básicas del desarrollo humano: (1) vida larga y saludable, medida de acuerdo a la esperanza de vida; (2) acceso generalizado a la educación, medido a través del índice de logro educativo o la alfabetización de adultos y la tasa bruta de inscripción en educación primaria, secundaria y superior combinada; y (3) el nivel de ingresos que permita un nivel digno de vida, medido por el PIB per cápita real, PPA en dólares (United Nations, 2006, p. 407). El IDH oscila entre 0 y 1. A medida que el indicador se acerca a 1, mejor es la condición de vida de la población o más alto el nivel de desarrollo.

Hay una variación sustancial en el desarrollo humano entre los países. El IDH abarca desde el mínimo de 0.673 en Guatemala hasta el máximo de 0.863 en Argentina (una diferencia de 19 puntos). Bolivia, Guatemala, Honduras y Nicaragua tienen los peores resultados con un IDH de menos de 0.70.

El IDH promedio de Latinoamérica (0.775) es sustancialmente más bajo que el de los Estados Unidos (0.948). Esta diferencia de 17 puntos significa que muchos latinoamericanos llevan vidas más cortas y menos saludables, muchos son analfabetos y tienen un estándar de vida mucho más bajo que los estadounidenses.

La columna 3 muestra los índices de desarrollo humano para el año 1990 y la columna 4 mide la diferencia en los índices entre los años 1990 y 2004. Todos los países tuvieron algún progreso en el desarrollo humano entre los años 1990 y 2004. El progreso va desde un máximo de 0.109 en Nicaragua hasta un mínimo de 0.025 en Venezuela. Es bueno que haya habido progreso, sin embargo es claro que América Latina tiene todavía un largo camino por recorrer y que el progreso continuo es muy importante.

DESIGUALDAD

El Coeficiente de Gini mide el grado en que la distribución de los ingresos de los individuos u hogares de un país se desvía con respecto a una distribución igual. Los valores del Coeficiente varían entre 0 y 100. El valor 0 representa la igualdad perfecta y el 100, la desigualdad total (United Nations, 2006, p. 406).

La Figura 1.1 ilustra la derivación y el significado del Coeficiente de Gini. El porcentaje acumulado de la población se mide en el eje horizontal empezando con los más pobres a la izquierda y moviéndose hacia los más ricos a la derecha. El porcentaje acumulado del ingreso total recibido se mide en el eje vertical.

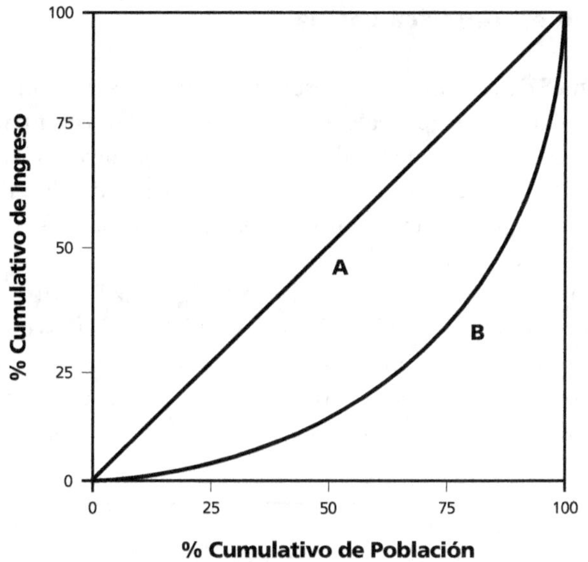

Figura 1.1 Curva de Lorenz.

La línea diagonal es la "línea de igualdad perfecta." Suponer que hay 10 personas en la economía y un ingreso total de $10 USD. Si el ingreso está igualmente distribuido, 5 personas tienen $5; por lo tanto, 50% de la población recibe 50% del ingreso. Cualquiera que sea el número de personas, el porcentaje de la población recibe el mismo tanto por ciento del ingreso y la distribución está representada por algún punto sobre la línea de igualdad perfecta.

La Curva de Lorenz representa la distribución actual del ingreso. En Brasil en 1998, el 20% más pobre de la población recibió el 2% del ingreso (Naciones Unidas, 2004, Tabla 1.14, p. 189). Esto significa que su Curva de Lorenz está muy por debajo de la línea de equilibrio perfecto. En general, entre más grande es la desigualdad, más baja la Curva de Lorenz.

El Coeficiente de Gini mide la desigualdad dividiendo el área A entre la Curva de Lorenz y la línea de igualdad perfecta por el área (A + B) y multiplicándolo por 100 (Gini = [A/(A + B)] × 100).

Si hay igualdad perfecta, la Curva de Lorenz es idéntica a la línea diagonal, así que el área A es igual a cero y el Coeficiente de Gini es igual a cero. Si hay *desigualdad* perfecta, la Curva de Lorenz coincide con el eje horizontal y el eje vertical a la derecha. Allí, B es igual a cero y el área A es igual al área (A + B), y el Coeficiente de Gini iguala 100. En resumen, si hay igualdad perfecta el Coeficiente de Gini es igual a cero; si hay desigualdad perfecta el Coeficiente de Gini es igual a 100. Entre más alto el Coeficiente de Gini, más alta es la desigualdad.

Desigualdad en América Latina

La columna 3 de la Tabla 1.5 muestra el Coeficiente de Gini para América Latina para los años que aparecen en la columna 2. Una comparación de los valores de los coeficientes de los diferentes países indica que la desigualdad dentro la región es variada. Los Coeficientes varían desde el más bajo de 43.1 en Nicaragua, hasta el máximo de 60.1 en Bolivia. El Gini de Bolivia es casi 40% mayor que el de Nicaragua.

La columna 4 presenta otra medida de desigualdad dentro de la región: la proporción del ingreso total recibido por el 10% más rico de la población en comparación con el recibido por el 10% más pobre. En Bolivia, el 10% más rico de la población recibió 168.1 veces más ingreso que el 10% más pobre, lo cual es una diferencia enorme. En el promedio de América

TABLA 1.5 Desigualdad

(1) País	(2) Año de encuesta	(3) Coeficiente de Gini	(4) 10% más rico respecto del 10% más pobre	(5) 20% más rico respecto del 20% más pobre
Argentina	2003	52.8	34.5	17.6
Bolivia	1999	60.1	168.1	42.3
Brasil	2003	58.0	57.8	23.7
Chile	2000	57.1	40.6	18.7
Colombia	2003	58.6	63.8	25.3
Costa Rica	2001	49.9	30.0	14.2
Ecuador	1998	43.7	44.9	17.3
El Salvador	2002	52.4	57.5	20.9
Guatemala	2002	55.1	48.2	20.3
Honduras	2003	53.8	34.2	17.2
México	2002	49.5	24.6	12.8
Nicaragua	2001	43.1	15.5	8.8
Panamá	2002	56.4	54.7	23.9
Paraguay	2002	57.8	73.4	27.8
Perú	2002	54.6	40.5	18.6
Uruguay	2003	44.9	17.9	10.2
Venezuela	2000	44.1	20.4	10.6
Promedio América Latina	...	52.5	48.6	19.4
Estados Unidos	2000	40.8	15.9	8.4
Japón	1993	24.9	4.5	3.4

Fuente: Informe sobre Desarrollo Humano 2006, Tabla 15, 335–338.

Latina, el 10% más rico de la población recibió 48.6 veces más ingreso que el 10% más pobre.

La columna 5 muestra que en término medio, el 20% más rico de la población en América Latina recibe casi 20 veces más ingreso que el 20% más pobre. El ingreso en América Latina está concentrado en las manos de un número pequeño de personas.

La Región con Mayor Desigualdad

La desigualdad en América Latina es alta en relación con otras regiones del mundo. En la Tabla 1.5, se ve que el Coeficiente de Gini promedio para América Latina (52.5) es casi 12 puntos más que el Coeficiente de Gini para los Estados Unidos (40.8), el país industrializado con mayor desigualdad. Todavía más informativo es el hecho de que el Coeficiente de Gini promedio para América Latina (52.5) es casi 28 puntos mayor que el de Japón (24.9).

De modo parecido, las últimas tres filas de las columnas 4 y 5 muestran otra medida de desigualdad relativa, el porcentaje del ingreso total recibido por los más ricos entre el porcentaje recibido por los más pobres. Al final de la columna 4, por ejemplo, se ve que en promedio el porcentaje del ingreso recibido por el 10% de los latinoamericanos más ricos es 48.6 veces más grande que el porcentaje recibido por el 10% de los más pobres. Esta cifra es 3 veces más grande que la de los Estados Unidos (15.9), y casi 11 veces mayor que la de Japón (4.5).

Una revisión de la literatura también indica que América Latina es la región con mayor desigualdad en el mundo. Londoño encuentra que en una muestra de 102 países, en promedio, los países de América Latina tienen un Coeficiente de Gini que está 4.1 puntos más alto que otros países con ingreso per cápita similar. Él estimó un Coeficiente de Gini de 56 para la región entera. Este coeficiente es mayor que el de Yotopoulos para todos los países en desarrollo (50.1) y más alto que el esperado para el nivel de desarrollo de América Latina (50) (Londoño, 1996, pp. 3–4). Así mismo, un estudio por Székely y Hilgert concluyó que América Latina tiene "el Coeficiente de Gini más alto en el mundo" (Székely & Hilger, como está citado en Franco, 2003, p. 355).

En la Tabla 1.6, John Scott hace una comparación de Coeficientes de Gini entre varias regiones del mundo para el año 1990 (Scott, 2001, Tabla 1.4.1, p. 14). Sus Coeficientes son promedios ponderados según poblaciones. El Coeficiente de Gini para la región de América Latina (55.4) es mayor que el de todas las regiones estudiadas. El Coeficiente para América Latina está cerca de 20 puntos por encima del promedio para países tanto de ingresos altos como de ingresos bajos (34.5 y 36.8 respectivamente). Su

TABLA 1.6 Desigualdad por Región (1990)

Región	Gini
Latino América	55.4
África Subsahariana	45.0
Asia Oriental y el Pacífico	41.2
Medio Oriente y África del Norte	35.6
Asia Meridional	29.8
Europa Oriental (no ponderado)	28.9
Ingresos bajos	36.8
Ingresos medio bajos	44.4
Ingresos medio altos	56.4
Ingresos altos	34.5

estimación de 55.4 para América Latina es poco menor que el coeficiente para países de ingresos medio-altos (56.4), pero esta cifra incluye los 15 países latinoamericanos más ricos (http://web.worldbank.org 4/28/07).

Existen varias implicaciones sociales, políticas y económicas de extrema desigualdad. Una implicación económica importante es que la desigualdad indica una pobreza profunda en América Latina. Los ingresos promedio (PIB per cápita) son mucho más bajos en América Latina que en los Estados Unidos. Por lo tanto la desigualdad extrema significa que los bajos ingresos promedio ocultan la profundidad de la pobreza que realmente existe. Hay gente con mucho menos ingreso que el promedio.

CONCLUSIÓN

América Latina es pobre y desigual. El Índice de Desarrollo Humano (IDH) y el Coeficiente de Gini resumen estas características. El IDH para América Latina, está 18 puntos más abajo que el de los Estados Unidos. El Coeficiente de Gini promedio para la región es 28% mayor que el de los Estados Unidos y casi 110% mayor que el de Japón.

El efecto de la pobreza y desigualdad no es sólo la miseria de los pobres. Otro efecto es excluir a los pobres de una participación adecuada en el proceso de producción y sus beneficios. Los recursos humanos son desperdiciados. No solo hay desigualdad, sino también abunda la ineficiencia y mal uso de recursos. La economía se estanca y casi todos sufren.

La solución es una forma incluyente de desarrollo en la cual todos participen de acuerdo a su potencial. En el capitulo 2 se exploran las opciones para un desarrollo incluyente. En los capítulos que siguen, se investiga el papel de la descentralización para alcanzar esto.

NOTAS

1. Los países del Caribe son incluidos algunas veces en el término "América Latina." Los países del Caribe son: Antigua y Barbuda, Las Bahamas, Barbados, Belice, Cuba, Dominicana, República Dominicana, Granada, Haití, Jamaica, Santos Kitts and Nevis, Santa Lucía, San Vicente y las Granadinas, Surinam y Trinidad y Tobago.
2. El método Atlas del Banco Mundial que está utilizado para el cálculo de tasas de intercambio para convertir moneda a U.S. dólares, toma en cuenta la inflación.
3. Se establece la actual línea de pobreza de cada país en dos pasos. Primero, se hace la conversión a dólares de 1985 al cambio local usando el tipo de cambio, la Paridad del Poder de Compra (PPC) de Summers-Heston. Segundo, se usa un índice de precio al consumo local para deducir la línea de pobreza para otros años fuera de 1985. Este procedimiento nos permite usar las estimaciones de pobreza que ha hecho el Banco Mundial para hacer comparaciones entre los países, dándonos la cantidad de dinero requerida en cada país para comprar las mismas mercancías (Morley, 1995, p. 37).

CAPÍTULO 2

DESARROLLO INCLUYENTE POR LA SATISFACCIÓN DE NECESIDADES BÁSICAS[1]

El mayor desafío que enfrenta la humanidad es un desarrollo sostenible y equitativo

—Informe sobre al desarrollo mundial 1992

INTRODUCCIÓN

En el Capítulo 1, describimos la pobreza y la desigualdad en América Latina. Pobreza y desigualdad no son solamente un problema social. Estas representan también un problema económico. Por la pobreza y la desigualdad, un gran número de los recursos humanos están excluidos del proceso de desarrollo y de sus beneficios. Los recursos más valiosos—los recursos humanos—son desperdiciados. El resultado no es solamente la miseria, sino también un estancamiento económico. Con el estancamiento, casi todos son afectados negativamente.

El propósito de este capítulo es trazar un plan para eliminar la pobreza y desigualdad extrema que a la vez incremente el crecimiento económico. Una parte esencial de este plan es satisfacer en un período de tiempo corto las necesidades básicas de los pobres para la educación, salud, nutrición, y otros bienes y servicios esenciales que aumentan la productividad. Esto es la clave para hacer posible que toda la gente participe en el proceso de

Descentralización Para Satisfacer Necesidades Básicas, páginas 19–25
Desechor reservados respicto a cualquier forma de reproducción
© 2009 por Information Age Publishing

desarrollo de acuerdo a su potencial y que se beneficie debidamente del proceso.

La primera parte del capítulo describe lo que se llama el "enfoque de las necesidades básicas para el desarrollo." Se define el objetivo de este enfoque, el medio de alcanzarlo, y la lógica que lo justifica. Luego, examinaremos las evidencias empíricas que apoyan la hipótesis de que al satisfacer las necesidades básicas mejora el crecimiento económico. Por último, trataremos la factibilidad de satisfacer las necesidades básicas por examinar el costo financiero de hacerlo.

ENFOQUE DE LAS NECESIDADES BÁSICAS PARA EL DESARROLLO

El objetivo del "enfoque de las necesidades básicas para el desarrollo" es una vida plena para todos. La manera de alcanzar el objetivo es satisfacer las necesidades básicas de todas las personas en un período corto de tiempo. Esto hace a los menos privilegiados más productivos y más capaces de contribuir al proceso de producción. Así tendrán ellos oportunidades nuevas de ganar ingresos suficientes y tomar las otras decisiones necesarias para llevar una vida plena.

¿Qué entendemos por "necesidades básicas?" Una lista mínima contiene los servicios básicos de educación, salud, nutrición, vivienda, agua y drenaje (Streeten et al., 1981, p. vii). La lógica es sumamente sencilla. Una persona educada es más productiva y más capaz de ganar ingreso. La gente saludable no falta al trabajo. La gente alimentada tiene más energía. Agua limpia, vivienda y alcantarillado mejoran la salud, haciendo a la gente más capaz de aprender y de producir.

La lista no es necesariamente un "remedio" automático y suficiente. Sino que es una lista de trabajo que incluye bienes y servicios que son esenciales para incluir a la gente en el proceso de desarrollo. Sin embargo, las necesidades de cada comunidad deberán ser analizadas, y la lista deberá ser ampliada o disminuida según las circunstancias lo demanden. Puede ser, por ejemplo, que una comunidad rural tenga agua limpia, pero que necesite un camino para transportar sus productos agrícolas al mercado.

La ganadora del Premio Nobel, Amartya Sen y su colega, Jean Dréze, han elaborado los requerimientos para instituir un proceso de desarrollo incluyente. Su definición de desarrollo incluye más que la satisfacción de las necesidades básicas. Ellos definen el desarrollo como "la expansión de las libertades reales que los ciudadanos disfrutan para conseguir los objetivos que de verdad valoran" (Dréze & Sen, 1995, p. 10). En pocas palabras, el desarrollo es la libertad de ser y de hacer. Según Dréze y Sen, la pobreza no es simplemente un estado de empobrecimiento en el que las personas viven, pero más bien es la falta de libertad para decidir otras formas de vivir, tales como la libertad de encontrar empleo productivo y remunerativo, la libertad de participar completamente en la vida social y política de la comunidad, etc.

Dando al concepto de desarrollo un significado más amplio, Dréze y Sen encuentran varios medios para realizarlo. Un medio es el crecimiento del Producto Nacional Bruto (PNB), pero el impacto del crecimiento del PNB sobre la libertad humana puede ser extremadamente variable dependiendo de la naturaleza de este crecimiento. Por ejemplo, el impacto depende de la intensidad del crecimiento en el empleo, y si las ganancias son canalizadas para remediar las carencias de los necesitados.

Otras formas de desarrollo incluyen la inversión en el capital físico y nueva tecnología, el desarrollo de instituciones financieras, y políticas macroeconómicas que generen pleno empleo sin inflación. La idea de Dréze y Sen no niega desde luego la importancia de satisfacer las necesidades básicas. Más bien ellos muestran que el satisfacer las necesidades básicas es una condición *necesaria,* pero no *suficiente,* para establecer un proceso de desarrollo incluyente que beneficie a todos.

Dréze y Sen encuentran al menos cinco maneras en que el satisfacer las necesidades básicas es esencial para alcanzar el desarrollo (Dréze y Sen, 1995, pp. 14–15). Primero, bienes y servicios básicos tienen una *importancia intrínseca,* es decir, estos son valiosos por si mismos y contribuyen directamente a una libertad efectiva de la persona (calidad de vida). Segundo, los bienes y servicios tienen un papel *instrumental a nivel personal* en el que pueden ayudar a la persona a hacer muchas cosas como obtener empleo. Tercero, tienen un papel *instrumental a nivel social* ya que pueden facilitar discusiones públicas de necesidades sociales y promover demandas colectivas. Cuarto, tienen un papel *instrumental en procesos,* tales como reducción del trabajo de niños y ampliación del futuro de los niños, especialmente de las muchachas. Quinto, tienen la función de otorgar *poder y mejorar la distribución* para que los grupos en desventaja resistan la opresión, se organicen políticamente y obtengan un trato más justo. De esta manera, Dréze y Sen amplían el enfoque de las necesidades básicas para el desarrollo, pero al mismo tiempo reafirman la importancia de satisfacer necesidades básicas tales como educación, salud y nutrición.

Necesidades Básicas y Crecimiento

El satisfacer las necesidades básicas ¿acelera o disminuye la tasa de crecimiento? Un razonamiento *a priori* nos puede llevar a contestar la pregunta de dos formas opuestas. Por una parte, el satisfacer las necesidades básicas tiende a acelerar el crecimiento por hacer a la gente más productiva.

Por la otra, los gastos para satisfacer las necesidades básicas pueden retrasar el crecimiento por disminuir la cantidad de dinero disponible para las compras de maquinaria y otras formas de capital físico. Se necesita evidencia empírica para responder a esta pregunta.

Evidencia Empírica

Norman Hicks, un economista del Banco Mundial, estudió la relación entre la satisfacción de las necesidades básicas y el crecimiento de 83 países en desarrollo. Encontró que los 12 países que superaron el promedio de satisfacción de las necesidades básicas en 1960, tenían una tasa de crecimiento relativamente alta en el período siguiente, 1960–1977. La tasa media de crecimiento del Producto Nacional Bruto Real para los 83 países durante la década de los sesenta fue 2.4%. Pero la tasa de crecimiento media para los 12 países que superaron el promedio de satisfacer las necesidades básicas fue 5.7%. Los 12 países que habían tenido más éxito en satisfacer las necesidades básicas crecieron casi 2.5 veces más rápido que los otros países. Hicks concluyó: "Parece que un nivel alto de satisfacción de necesidades básicas conducirá a tasas altas de crecimiento en el futuro" (Hicks, 1979, p. 992).

En otro estudio, Amartya Sen y Jean Dréze compararon la satisfacción de las necesidades básicas y el crecimiento de China con los de India. El gobierno Chino implementó un programa grande para satisfacer las necesidades básicas por razones ideológicas antes de tornarse al sistema de mercado, mientras que India no lo hizo. Hay que recordar que uno de los mejores indicadores de la satisfacción de las necesidades básicas es el incremento de la esperanza de vida. En 1981 la esperanza de vida en China era 67,7 años, mientras en India esta era mucho más bajo, 53,9 años. ¿Por qué? Porque China había suministrado los servicios básicos que prolongan la vida mientras que India no lo había hecho.

Esta satisfacción de necesidades básicas relativamente exitosa, según Sen y Dréze, preparó a China para incrementar dramáticamente la producción una vez que el país adoptó el sistema de mercado. Por lo tanto, durante el siguiente período (1980–1992), la tasa media de crecimiento del PNB en China estaba en 9.1%. Mientras tanto, India estaba menos preparada y por eso creció a una tasa mucho menor, 5.2%. "La magia del mercado de China descansa sobre los sólidos cimientos de cambios sociales que habían ocurrido anteriormente" (Dréze y Sen, 1995, p. 74).

De manera semejante, Sen y Dréze argumentan que el asombroso crecimiento reportado por los "Cuatro Tigres" (Corea del Sur, Hong Kong, Singapur y Taiwán) fue debido en parte a que habían expandido su educación. Porque esos países lograron avanzar en una educación primaria universal, la alfabetización y las habilidades de pensamiento fueron sustancialmente mejores que en otras economías en desarrollo. Las empresas de los Cuatro Tigres, por lo tanto, fueron más capaces de elevar las capacidades de sus trabajadores y dominar nueva tecnología.

Así que existe evidencia convincente de que la satisfacción de las necesidades básicas no detiene el crecimiento, sino que lo aumenta. Proporcionar educación básica a los niños, por ejemplo, no es un programa social que empobrece al país. Más bien, es un programa de desarrollo que enriquece al país. Al satisfacer las necesidades básicas se reduce el sufrimiento, y esto es bueno. Pero su papel esencial es el desarrollo incluyente que tiende a beneficiar a todos.

Necesidades Básicas y Eficiencia

El "enfoque de las necesidades básicas para el desarrollo" revoluciona el pensamiento acerca de la eficiencia. Satisfacer las necesidades básicas no es un programa de redistribución que interfiere con la eficiencia. Al contrario, esa política aumenta la eficiencia porque aumenta la productividad de las personas que han sido excluidas de una participación adecuada en el proceso de desarrollo; el programa activa los recursos previamente no empleados. Ante todo, el satisfacer las necesidades básicas no es un programa social, sino una estrategia de desarrollo.

Educación Básica y Crecimiento

Estimó George Psacharopoulos las tasas de retorno social a la educación en un estudio llevado a cabo en 1994 (Psacharopoulos, 1994). Las tasas de retorno fueron encontradas calculando las tasas de descuento que igualaban un flujo de beneficios educativos a un flujo de costos educacionales en un momento determinado. Los beneficios consistían en incrementar los ingresos. Los costos incluyeron no sólo gastos privados para materiales de escuela, etc., sino también los ingresos que los estudiantes hubieran obtenido al trabajar en vez de asistir la escuela, y los gastos del gobierno para la educación.

Después de revisar todos los estudios este autor concluyó que el promedio de la tasa de retorno social para la educación primaria en América Latina y el Caribe era 18%. Es interesante notar que los retornos a la educación secundaria y superior fueron más bajos: 12.8% y 12.3%, respectivamente (Psacharopoulos, 1994, Tabla 1, p. 1328). Este estudio concluye que "la inversión en educación continúa siendo una oportunidad de inversión muy atractiva en el mundo de hoy" (Pscharopoulos, 1994, p. 1325).

Otro punto importante que encontró Psacharopoulos es que los retornos sociales para la educación primaria eran más elevados en los países más pobres. El retorno para la educación primaria en países de bajo ingreso ($610 USD ó menos) era 23.4%. El retorno social de países con ingreso medio-bajo (entre $611 y $2.449 USD) fue 18,2%. El retorno social de países con ingreso medio-alto (entre $2.450 y $7.619 USD) fue 14.3% (Psacharopoulos, 1994, Tabla 2, p. 1328).

Estos retornos altos reflejan un incremento de productividad. Aumentos de ingresos siguen incrementos de producción. Estima Psacharopoulos que un año adicional de escolaridad en Tailandia agrega cerca del 2.5% a la cosecha agrícola. (Psacharopoulos, 1994, p. 1328). Un año adicional de escolaridad en Asia del Este contribuye más del 3% al PNB.

Otra conclusión que llama la atención es que los retornos de la inversión en educación descendieron sobre los 15 años, 1970–1985. Los descensos en los retornos de la educación primaria, secundaria y superior fueron 8.2%, 5.7% y 1.7%, respectivamente (Psacharopoulos, 1994, Tabla 5, p. 1329).

John B. Knight y sus colegas explican los descensos (Knight et al., 1992). Argumentan que en los años 1960s y 1970s, los graduados de la primaria estaban en escasa proporción, así que un certificado de escuela primaria era el pasaporte a un trabajo de oficina. En los 1990s, sin embargo, después de décadas de rápida expansión educacional y el desplazamiento de graduados de la primaria por graduados de la secundaria, los graduados de primaria son afortunados en conseguir aún el salario más bajo de un trabajo obrero. Esto sugiere una necesidad cada vez mayor de continuar apoyando a la educación, por lo menos a nivel de secundaria.

El Bajo Costo de Satisfacer las Necesidades Básicas

Medir el costo de la satisfacción de las necesidades básicas no es posible sin dificultades. Los costos varían en cada país. Y el costo marginal de satisfacer las necesidades básicas de personas adicionales puede ser diferente al costo promedio de satisfacer las necesidades básicas de todos. Por ejemplo, puede ser difícil inducir a los niños que aún no están matriculados a asistir a la escuela, por la gran necesidad de que contribuyan al ingreso familiar o porque viven en áreas muy remotas. Otra dificultad es que las necesidades básicas son interdependientes, y por eso el costo de satisfacer una necesidad básica depende de la cantidad de otras necesidades que son satisfechas. Por ejemplo, la educación fomenta una mejor salud y reduce el costo de proveer servicios básicos de salud. En fin, es difícil de estimar el desarrollo futuro y la participación de trabajo en ese desarrollo. Si estos son altos, tanto el nivel de insatisfacción de necesidades básicas como el costo de satisfacerlas caen.

UNICEF (Fondo de las Naciones Unidas para la Infancia) recientemente estimó una financiación deficitaria en gasto público de más de $80 mil millones USD al año (a precios de 1995) para lograr un abastecimiento universal de servicios básicos, con alrededor de $206–216 mil millones requeridos y solamente $136 mil millones USD actualmente gastados. Este faltante es dos veces el faltante de $40 mil millones USD estimado en el tiempo de la Cumbre Mundial por el Desarrollo Social en 1995 (United

Nations 2000, Box 4.5, p. 79). Supongamos que el cálculo mayor sea correcto. ¿Es posible pagarlo?

En el 2003, el PIB (Producto Interno Bruto) de los Estados Unidos fue $11,004 mil millones USD. (BEA, 2005). El PIB de todos los países de la Organización para la Cooperación y Desarrollo Económico fue $29,618.4 mil millones USD (OECD, 2004a). El estimado costo adicional de satisfacer las necesidades básicas ($80 mil millones) es menos del 1% (0.73%) del PIB de los Estados Unidos, y solamente 0.27% del PIB de los países de la OCDE.

Se estima que en 2004 el gasto militar de todo el mundo fue $950 mil millones USD (World Wide Military Expenditures). Los $80 mil millones USD necesarios para satisfacer las necesidades básicas son iguales al 8.4% de estos gastos militares. Hasta mayo de 2007, la guerra de Irak les había costado a los que pagan impuestos en los Estados Unidos $425 mil millones. Este dinero es más que suficiente para pagar todo el costo adicional de satisfacer las necesidades básicas de todos los países del mundo por más de 5 años. ¿Que tanto bajaría la necesidad de gastos militares sí las necesidades básicas de toda la gente se satisficieran?

Norman Hicks afirma que los recursos para satisfacer las necesidades básicas de los pobres pueden ser encontrados, si se alteran los gastos de tanto los pobres como los ricos que no son dirigidos a satisfacer las necesidades básicas y se reducen los gastos del sector público que son innecesarios o aún derrochadores (Hicks, 1979).

CONCLUSIÓN

La satisfacción de necesidades básicas es una manera efectiva de promover el desarrollo. Este enfoque aumenta la productividad de la gente y así incrementa la tasa de crecimiento. El costo de satisfacer las necesidades básicas es bajo, y los rendimientos de la inversión son excelentes. El satisfacer las necesidades básicas elimina la gran ineficiencia de desperdiciar recursos humanos por darles nuevas oportunidades de realizar su potencial y de contribuir al proceso de desarrollo.

La política de desarrollo debe incluir la satisfacción de las necesidades básicas de toda la gente en el menor tiempo posible. Pero, ¿cómo puede un país implementar una estrategia para satisfacer las necesidades básicas que fomente el desarrollo? En el capítulo tercero se utiliza un Modelo Entrega Efectiva de Servicios para comenzar a contestar esta pregunta.

NOTA

1. Desarrollo Incluyente significa que se incluye a los pobres en el proceso y los beneficios del desarrollo social.

PARTE SEGUNDA

MODELO DE DESCENTRALIZACIÓN

CAPÍTULO 3

ENTREGA EFECTIVA DE SERVICIOS

La educación es una manera de salir de la pobreza

—Un ecuatoriano pobre (1999)

INTRODUCCIÓN

En el Capítulo 1 se describió la extensa pobreza y desigualdad que caracteriza a América Latina. En el Capítulo 2 se introdujo la estrategia para satisfacer las necesidades básicas como vía al desarrollo. El objetivo de esta estrategia es satisfacer en forma efectiva y rápida las necesidades básicas de los pobres, y así capacitarlos para llevar una vida plena. Vimos que el satisfacer las necesidades básicas no es solamente un programa humanitario, sino también—y principalmente—un medio efectivo de desarrollo. Por ser un medio de desarrollo general, se beneficia no sólo a los pobres, sino también a la nación.

El propósito de este capitulo es presentar un modelo teórico que identifica a los agentes claves y describir el papel que ellos desempeñan en satisfacer efectivamente las necesidades básicas. El modelo se enfoca en el sector público puesto que éste tiene un papel dominante en la satisfacción de necesidades básicas. En el capítulo 4 el modelo se extiende para identificar los elementos de una descentralización efectiva. A su vez, se utiliza el modelo de descentralización para comprender y evaluar varios

Descentralización Para Satisfacer Necesidades Básicas, páginas 29–44
Desechor reservados respicto a cualquier forma de reproducción
© 2009 por Information Age Publishing

casos de desarrollo orientados hacia la satisfacción de las necesidades básicas de los pobres.

El modelo que se llama "Entrega Efectiva de Servicios" es derivado de la teoría económica y de las experiencias del Banco Mundial. Se basa el modelo en gran parte en el *Informe Desarrollo Mundial 2004* (World Bank, 2004, Capítulos 3–6), y en trabajos anteriores de Paul Streeten y asociados (1981) y de Frances Stewart (1985).

El capítulo está dividido en cuatro apartados. Después de exponer brevemente el caso de que el sector público debe desempeñar un papel dominante en satisfacer las necesidades básicas, el apartado segundo identifica a los agentes principales en la satisfacción de las necesidades básicas de los pobres. La tercera parte describe el papel ideal de cada agente. El capítulo concluye con una lista de verificación para los administradores que implementan la estrategia.

PAPEL DEL SECTOR PÚBLICO

El sector público necesariamente desempeña un papel muy importante en la entrega de bienes y servicios para los pobres. La teoría económica da dos razones principales por las cuales el gobierno debe hacer la entrega de servicios: (1) fallas del mercado privado, y (2) exigencias de equidad.

Fallas del Mercado Privado

El mercado privado a veces falla en proveer la cantidad de bienes y servicios básicos que maximizan el bienestar social. Un caso importante es el de los beneficios externos, es decir, beneficios que son recibidos no por el comprador del bien o servicio sino por otras personas. La educación básica, por ejemplo, beneficia no sólo a aquellos que la reciben sino a otras personas. ¿Cómo? Una manera es aumentar la productividad de los educados, y por consiguiente reducir los precios de los bienes producidos, precios que todo el mundo paga. Pero al demandar educación, el estudiante toma en cuenta sólo el beneficio personal. No se registran las preferencias de otras personas que pagan los precios reducidos. Como consecuencia la demanda actual (y la cantidad producida) es menor que la que maximiza el beneficio social.

Los "bienes públicos" son un segundo aspecto en el que falla el mercado. Según la definición técnica, un bien público es un bien que tiene dos características: (1) no se puede negar consumo a aquellos que no pagan impuestos, y (2) el consumo de una persona no disminuye el consumo de otros. Por ejemplo cuando se actúa para controlar los zancudos en un área endémica de malaria, todos se benefician independientemente de si pagan o no por el servicio. En consecuencia, no declaran su demanda por el servicio. Por falta de demanda, el mercado privado no provee el servicio aunque la sociedad se beneficiaría si lo tuviera.

El mercado privado también puede fallar debido a información imperfecta. Por ejemplo, una falta de información sobre los beneficios de la educación puede causar que los estudiantes demanden menos que la cantidad óptima de educación.

La falla del mercado privado en proveer la cantidad óptima de bienes o servicios básicos exige la intervención del gobierno para corregir las deficiencias. La intervención puede ser en forma de empresas públicas o de contratos redactados por el gobierno con empresas privadas. Otras opciones son subvenciones a los consumidores o la diseminación de información acerca de los beneficios del consumo de bienes y servicios básicos.

Equidad

La segunda justificación económica para la intervención del gobierno es la equidad. La teoría económica muestra que los mercados privados y perfectamente competitivos distribuyen los recursos eficientemente en el sentido de que tales mercados producen la cantidad de bienes y servicios que maximizan el bienestar social (Campbell p. 28).

Sin embargo, hay una advertencia sumamente importante a esta afirmación optimista. Mercados libres y perfectos automáticamente producen la cantidad de bienes y servicios que maximiza el bienestar social, pero no hay un mecanismo que automaticamente genera la distribución de ingreso que maximiza la satisfacción social.

El problema es que hay una distinta cantidad eficiente para cada distribución de ingreso, pero las distintas cantidades no son igualmente satisfactorias. Pero los distintos niveles de eficiencia no son igualmente satisfactorios. Por ejemplo, si el ingreso está distribuido de modo que cada quien tenga la misma cantidad de dinero, hay una demanda por cada bien y servicio, y el mercado libre automáticamente produce la cantidad que maximiza la bienestar social para esa distribución del dinero. Sin embargo, si se redistribuye el ingreso para que una sola persona tenga todo el dinero, habrá una demanda diferente, y una vez más el mercado libre automáticamente produce de manera eficiente la cantidad necesaria para la segunda distribución de dinero. Claro, los dos resultados son eficientes, pero no producen el mismo nivel de satisfacción para la sociedad.

No hay un mecanismo del mercado que compense las casualidades de herencia, lugar de nacimiento, padres, salud, accidentes, descubrimiento de petróleo, etc. Influyen muchos factores arbitrariamente en la distribución del ingreso y en el bienestar social.

América Latina es una región con extrema desigualdad. Un origen importante de la desigualdad fue la conquista española que distribuyó la mayoría de los recursos a unos pocos conquistadores. El buen juicio (y esto es todo lo que tenemos) indica que esta desigualdad extrema no favoreció el mejor interés de la sociedad. ¿Quién va a corregirlo? Hay solamente un agente capaz de hacerlo: el gobierno. Una manera de hacerlo es imponer un impuesto progresivo a los ricos y usar el usufructo para proveer a los pobres con los bienes y servicios que necesitan para participar plenamente en el proceso de desarrollo.

MODELO ENTREGA EFECTIVA DE SERVICIOS

La Figura 3.1 representa un marco general para la entrega efectiva de bienes y servicios a los pobres de parte del sector público. La figura muestra que son tres los agentes principalmente responsables para satisfacer las necesidades básicas de los pobres: los Ciudadanos, el Estado y los Proveedores. Estos agentes están interrelacionados por medio de tres relaciones: Voz, Pacto, y Poder de los Clientes.

Los Agentes

Ciudadanos/Clientes

El diccionario Webster define la palabra "ciudadano" como miembro de una nación que debe lealtad al gobierno y tiene derecho a los privilegios y a

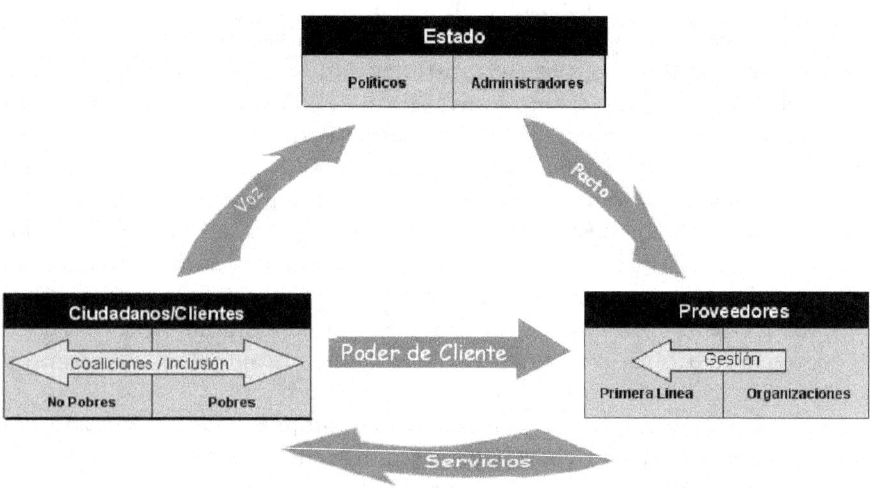

Figura 3.1 Modelo Entrega Efectiva de Servicios. *Fuente:* World Bank, 2004.

la protección de la nación (Random House, 1991, p. 248). Los Ciudadanos también son los "Clientes" de las organizaciones que proveen los productos y servicios básicos entregados por el Estado. Los Ciudadanos o Clientes pueden ser pobres o ricos.

Agentes Políticos

El agente segundo, el Estado, se refiere al gobierno. El gobierno puede ser federal, estatal o local. El gobierno está compuesto por Políticos o aquellos individuos responsables de la formulación de políticas públicas. Los Políticos son el presidente, los gobernadores y los alcaldes. Ellos desempeñan las funciones fundamentales del Estado como legislar, regular e imponer impuestos.

La otra clase de agentes gubernamentales son los Administradores quienes formulan políticas públicas. Ellos establecen las reglas fundamentales por las cuales los Proveedores de servicios funcionan. Determinan quienes son los beneficiarios. También determinan estándares y las condiciones bajo las cuales los Proveedores reciben fondos públicos. En muchos casos, los que formulan las políticas, son los legisladores o un ministerio central tal como el Ministerio de Educación.

Proveedores

El tercer agente clave en la entrega de servicios es el "Proveedor." Los Proveedores son responsables de entregar los bienes y servicios básicos a la población. Los Proveedores son miembros de organizaciones y agentes de primera línea. La organización proveedora puede ser una organización pública, cualquiera que sea su nombre (ministerio, departamento, agencia, u oficina). También puede ser una institución pública autónoma tal como un hospital público. Puede ser grande, como el Ministerio de Educación formado por miles de personas, o pequeño, como una escuela primaria dirigida por la comunidad. Los Proveedores de primera línea son las personas que tienen contacto directo con los Clientes como los profesores, médicos, enfermeras y otros.

Tres Relaciones Claves

Voz

La entrega efectiva de servicio a los pobres empieza con las personas de pocos ingresos "expresando" sus necesidades al Estado. Los pobres pueden expresar sus preferencias a los Políticos a través de mecanismos formales tales como el voto y los partidos políticos o mecanismos informales como grupos de apoyo y campañas de información pública. Los grupos de apoyo pueden ser organizaciones no gubernamentales (ONG), o pueden ser alianzas entre distintos grupos sociales. Cualquiera que sea el mecanismo, la entrega efectiva de servicios empieza con los pobres expresando sus necesidades al Estado.

La teoría económica sostiene que en el sector privado, el proceso de maximizar el bienestar económico comienza con la demanda de los consumidores y la respuesta de los negocios a esa demanda (McConnell & Bruc, 2002, p. 28). La idea es que los consumidores saben mejor lo que quieren y necesitan. La función principal de los negocios es leer la demanda del consumidor, y responder al proveer los bienes y servicios que los consumidores desean y pueden comprar. Esta "soberanía del consumidor" conduce a resultados más satisfactorios que entregar bienes y servicios a los consumidores a la fuerza o con trucos. Una "soberanía de los negocios" conduciría a la explotación y pérdida del bienestar social.

El concepto de "Voz" transfiere la soberanía del consumidor del sector privado al sector público. La "Soberanía del Ciudadano" es beneficiosa para los Ciudadanos del sector público así como "la soberanía del consumidor" es ventajosa para los consumidores del sector privado (Musgrave, 1989, Cap. 4). El papel ideal de los Ciudadanos es demandar bienes y servicios públicos al gobierno. El papel del gobierno es leer esa demanda, proveer los bienes y servicios al público, y pagar los costos a través de la imposición de impuestos a los Ciudadanos. En general esto es mucho mejor que depender de políticos que ignoran la opinión del Ciudadano y deciden "desde arriba" cuáles son los bienes y servicios públicos que los Ciudadanos deben consumir.

¿Qué pasa si los pobres se quedan sin Voz? ¿Pasividad? ¿Dominación? ¿Negligencia? ¿Pobreza perpetua? En cambio, si la Voz de los pobres es fuerte ellos se convierten en sujetos de su propio destino en lugar de ser objetos pasivos de programas impuestos sobre ellos desde afuera. La Voz fuerte hace a los pobres participantes en su propio desarrollo, así como también en el desarrollo de la nación. Sin duda, una Voz fuerte aumenta la probabilidad de que los programas para los pobres tengan éxito y que aumenten el ritmo de desarrollo.

Esto no quiere decir que la Voz de los Ciudadanos es el único determinante de los objetivos. También se tienen que introducir los resultados de la ciencia en la formulación de políticas. Por ejemplo, estudios científicos empíricos muestran que la educación básica es un medio efectivo para aumentar el ingreso. Los Ciudadanos pobres delegan al gobierno el poder de tomar en cuenta estos estudios y definir otros detalles de las políticas.

El modelo propone la "Soberanía del Ciudadano" pero en realidad los Ciudadanos pobres con frecuencia carecen de Voz. ¿Cómo sucede esto especialmente en una región en donde la mayoría de la gente es pobre?

Algunas veces los pobres tienen miedo de expresar sus necesidades porque al hacerlo pueden tener grandes costos cuando sus intereses van en contra de los intereses de las autoridades. Durante una visita reciente a México, el autor entrevistó a dos familias destituidas que se sostenían de lo que encontraban en un basurero en la Ciudad de México. Ellos no recibían ningún servicio público excepto que sus casas provisionales estaban situadas en terreno público. Ellos estaban bastante indecisos de hablar de sus necesidades por miedo de que los desplazaran. Cuando nos íbamos, corrieron detrás de nosotros. Habían hablado más o menos libremente y estaban en estado de pánico. Tenían miedo de haber dicho algo que causaría su desplazamiento del terreno público que ocupaban.

La "Voz" puede estar limitada por las imperfecciones del proceso político. Las elites pueden controlar el gobierno y estar indiferentes a los sufrimientos de la gente pobre. Los votantes pueden carecer de información acerca del papel que sus representantes desempeñan en relación a la cantidad y la calidad de los bienes y servicios públicos. Los votantes pueden ser fácilmente disuadidos con propaganda política, o pueden votar basándose en el carisma del candidato o su identidad étnica en lugar del récord que tiene. Los votantes también pueden ser persuadidos con sobornos. Grupos de intereses especiales pueden capturar las políticas financiando las campañas o movilizando votos. La polarización social puede conducir a un voto basado en la identidad social, étnica o religiosa en lugar de las políticas o la efectividad en la entrega de servicios. Los Políticos pueden ser reacios a comprometerse a proveer bienes y servicios básicos, tales como la educación, porque su tiempo en el cargo público es muy corto en relación con aquellas políticas que maduran a largo plazo. Promesas de trabajo o proyectos públicos que se pueden entregar pronto después de las elecciones son mucho más efectivas para ganar las elecciones.

De ahí que un objetivo clave en políticas públicas tiene que ser fortalecer la Voz de los pobres cuando esté débil. La Voz del pobre se puede aumentar y fortalecer de varias maneras: aumentando la participación de los pobres en las elecciones, produciendo información acerca del récord de los Políticos o de los candidatos que quieren ser elegidos, haciendo conocer el presupuesto a los Ciudadanos, aumentando su participación en auditorias de gastos públicos a nivel de comunidades o aldeas, usando encuestas en las cuales los Ciudadanos califican el desempeño de los Políticos en la entrega de los bienes y servicios básicos, en mejorar las leyes, y en dar reconocimiento a las coaliciones de los pobres y a las clases medias. En el próximo capítulo veremos que uno de los objetivos principales de la descentralización es fortalecer la Voz del pobre para acercar a los Políticos y el proceso de entregar los servicios a los Ciudadanos/Clientes.

Pacto

El Estado empieza a responder a la demanda del Ciudadano a través de un segundo tipo de relación, el "Pacto" entre el Estado y el Proveedor de los bienes y servicios básicos. El Pacto es un acuerdo general entre los que formulan las políticas y los Proveedores para guiar la entrega de los bienes y servicios. Se compone de un plan general para satisfacer las necesidades básicas. ¿Cuáles son los elementos de un Pacto ideal?

Objetivos y Sectores. El primer paso de formular un plan de desarrollo es determinar los objetivos del programa. El objetivo general es, por supuesto, aumentar la productividad de todos los pobres en un corto período de tiempo para que ellos obtengan el poder de producir, ganar ingresos y llevar una vida plena. El Pacto también identifica otros objetivos más específicos tales como dar prioridad a la ayuda a los pobres en las zonas rurales (quienes frecuentemente son los más empobrecidos). La determinación de los objetivos debe ser fuertemente influenciada por la Voz de los Ciudadanos.

El segundo paso es escoger distintos bienes y servicios básicos de acuerdo con la habilidad para cumplir los objetivos. De nuevo, los Ciudadanos deben influir en la selección de esa clase de necesidades. Si por ejemplo se encuentra que la productividad de los pobres en zonas rurales esta entorpecida porque no saben leer, uno de los aspectos a escoger sería la educación básica para ellos.

Es muy importante al escoger bienes y servicios considerar los enlaces entre ellos y las fases de entrega. Si hay niños enfermos y hambrientos que no saben leer, puede ser necesario complementar el programa de educación con servicios de salud y suplementos de nutrición. Proveer "paquetes" de servicios es absolutamente necesario para evitar que las necesidades complementarias vayan a socavar la efectividad de los programas de necesidades básicas.

Las fases de entrega se refieren a escoger el orden cronológico más efectivo para proveer los bienes y servicios básicos. En el ejemplo anterior, como los niños tienen que estar a la vez saludables y nutridos para que puedan aprender, así pues la ayuda a los pobres en las zonas rurales exige la provisión simultanea de esos servicios.

Recursos. El próximo elemento del Pacto ideal es la asignación de recursos suficientes para alcanzar los objetivos. La asignación de recursos es tal vez la mejor medida de la sinceridad del gobierno en alcanzar el objetivo de satisfacer las necesidades básicas. La asignación de los recursos tiene que ser predecible y a largo plazo.

La asignación de recursos debe tener en cuenta el ingreso completo de los beneficiarios potenciales. Esto significa contar no solamente el ingreso ganado sino también los bienes y servicios básicos producidos en el hogar y aquellos que proveen otras organizaciones.

Los recursos para satisfacer las necesidades básicas de los pobres deben ser pagados con un impuesto progresivo que afecta principalmente a los ricos. Imponer impuestos a los pobres por los bienes y servicios básicos es lo mismo que quitar con la mano izquierda lo que se dio con la derecha.

Esto retardaría mucho la satisfacción de las necesidades básicas. Por ejemplo, los pobres podrían obtener una nueva escuela, pero, si tienen que pagar por ella, sus hijos tal vez vayan a estar más desnutridos que antes y por consiguiente menos capaces de aprender. Un sistema de tributación progresiva es especialmente apropiado para América Latina donde la desigualdad es más extrema que en otras partes del mundo.

Organizaciones. Establecer un Pacto requiere la identificación de organizaciones capaces de proveer los bienes y servicios básicos. Las opciones incluyen las empresas públicas, organizaciones no gubernamentales, empresas privadas que tienen contratos con el gobierno, y negocios familiares y comunitarios.

Los criterios para seleccionar las organizaciones proveedores son: (1) la habilidad de disminuir el costo, (2) el ambiente político, (3) la facilidad de supervisión. Regateo competitivo para los proyectos ayuda a asegurar la disminución de los costos. Si el ambiente político es uno en el que el gobierno busca la reelección sirviendo a intereses especiales de las clases medias, o si es difícil supervisar los resultados, entonces es mejor alentar organizaciones no gubernamentales altruistas para que provean ellos los bienes y servicios básicos a los pobres.

Los hogares y comunidades son generalmente productores muy significativos de bienes y servicios básicos para su propio consumo. Los costos pueden ser reducidos exhortando la participación en la producción de bienes y servicios públicos como carreteras y cuidados preventivos de salud. Este tipo de participación también puede ayudar a que los pobres sean sujetos de su propio desarrollo.

Para prevenir el desperdicio de esfuerzos, tiene que haber coordinación entre las organizaciones proveedoras. Es costoso para una comunidad dedicar tiempo y esfuerzo a la construcción de una carretera para que luego venga el gobierno y haga lo mismo. Es mejor coordinar y construir una sola vez, a bajo costo, una carretera de alta calidad.

Incentivos. Generalmente los servicios no llegan a los pobres debido a que no hay un alineamiento entre los incentivos para los Proveedores y los resultados obtenidos (World Bank, 2004, p. 96). Si el objetivo es educación en el área rural pero los puestos para los maestros se dan con patrocinio político, lo más probable es que el objetivo no se alcance. Aquí, el incentivo que se da a los profesores es apoyar a los Políticos que les ayudan a conseguir sus puestos, no enseñar bien. El Pacto ideal debe dar a las organizaciones proveedoras incentivos poderosos para alcanzar el objetivo de satisfacer las necesidades básicas. ¿Cómo se puede llevar a cabo?

Administración Descentralizada. La creación de incentivos empieza con descentralizar la administración. El ideal es que los que formulan las políticas puedan delegar los poderes y responsabilidades generales a los

Administradores de las organizaciones proveedoras. Así los Administradores estarán libres para administrar a los Proveedores de primera línea. Ellos deben tener las responsabilidades de escoger empleados, supervisarlos, ofrecer recompensas por buenos servicios o imponer sanciones por mal desempeño (incluyendo despido).

La realización de la administración descentralizada ideal requiere que el Administrador local sea competente. Para alcanzar el nivel de competencia requerido puede ser necesario establecer programas de entrenamiento que son dirigidos por representantes de niveles altos del gobierno.

El alineamiento de incentivos con objetivos requiere que los que formulan las políticas mantengan una buena supervisión de los resultados obtenidos por las organizaciones proveedoras. La supervisión efectiva empieza con la clara separación del papel de los que formulan las políticas y del papel de las organizaciones proveedoras. Esta clara separación de papeles da libertad a los que formulan las políticas para enfocarse en los resultados. Si los que formulan las políticas toman el papel de Proveedores de servicios básicos, entonces las preocupaciones con los problemas diarios tienden a distraer su atención del impacto que tienen los programas a largo plazo y a socavar la supervisión.

La separación de los papeles ayuda a que las organizaciones proveedoras tengan el incentivo de saber que sus resultados serán observados y supervisados. También le ayuda al Proveedor a responder a este incentivo aislándolo de las presiones políticas y sociales, o del riesgo de usar los recursos para propósitos diferentes a satisfacción de las necesidades de los pobres.

Monitoreo de Resultados en las Organizaciones. Una supervisión efectiva requiere información buena no solamente de los insumos (como el número de profesores empleados), sino también de rendimientos (como las calificaciones que los estudiantes recibieron en los exámenes). Medir los resultados para la salud, la educación y otros servicios sociales no es siempre fácil. Las calificaciones que los estudiantes reciben en los exámenes reflejan ciertos objetivos educacionales pero el pensamiento abstracto no se mide fácilmente. Sin embargo, no es imposible. Las tasas de mortalidad, de alfabetización y la calidad del agua se pueden observar y medir. A la vez, el desarrollo de nuevas y mejores medidas es un reto constante.

Los que formulan políticas pueden mejorar los procesos de supervisión de las organizaciones proveedoras aprovechando la ayuda de otros agentes. La auto-evaluación de las organizaciones proveedoras mediante reportes anuales puede dar información de importancia. A los Clientes se les puede pedir que llenen un “Carnet” y una “Encuesta de Gastos Públicos” como se describe abajo.

Recursos Contingentes. Una vez se produce la información acerca de los resultados, los recursos se deben hacer contingentes a la obtención de objetivos. Una manera de hacerlo es con el uso de contratos legales que alinean la entrega de recursos con los resultados de la organización. Los contratos legales son mejores cuando los resultados son fáciles de observar y supervisar. La dificultad con los contratos es que los que formulan políticas frecuentemente dependen de la información producida por las organizaciones proveedoras, y la información puede ser falsificada o presentada en manera muy favorable. Hacer que los recursos sean dependientes de los logros facilita un ambiente de competencia entre Proveedores: si uno falla en los logros se puede emplear a otro Proveedor.

Desarrollo Futuro. Observar y supervisar las organizaciones proveedoras no sólo alinea los incentivos con los resultados sino que también ayuda a los que formulan políticas a planear proyectos y programas futuros. El desarrollo es un proceso continuo que toma lugar a través del tiempo en períodos sucesivos. En cada período, la satisfacción de algunas de las necesidades básicas crea un conjunto de recursos cada vez mayores, algunos de los cuales pueden ser invertidos en la satisfacción de otras necesidades básicas en el futuro. También, en cada período algunos esfuerzos tienen éxito y otros no.

Para maximizar el desarrollo a largo plazo, los que formulan políticas tienen que saber lo que funciona, lo que no funciona y por qué. Contando con esta información ellos pueden reducir el desperdicio de recursos y diseñar Pactos más efectivos en períodos futuros. Las actividades de supervisión proveen respuestas que hacen posible aprender mientras se hace, y disminuir el tiempo requerido para satisfacer todas las necesidades básicas.

Poder de Cliente

Los Ciudadanos no solamente expresan sus preferencias al Estado sino también a las organizaciones proveedoras por medio del llamado "Poder de Cliente." Los Clientes deben interactuar con los Proveedores porque los que formulan las políticas no pueden especificar todas las acciones de las organizaciones proveedoras en el Pacto. Los Proveedores necesariamente tienen que establecer reglas específicas para las organizaciones. El Poder de los Clientes ayuda a asegurar que las políticas de los Proveedores sirvan efectivamente las necesidades de los pobres.

El Poder del Cliente es una relación compleja que consiste no solamente en expresar las preferencias sino también en supervisar la entrega de servicios por los Proveedores. Dos herramientas poderosas de supervisión son el Carnet de Clientes y los Investigaciones de Gastos Públicos. Cada estudio examina la serie de gastos gubernamentales en un sólo bien o servicio. Las investigaciones son más efectivos si hay un alto interés político, si la responsabilidad es clara y si no hay complicaciones con medidas de la calidad de proyectos.

El Carnet de Clientes muestra la calificación por los Clientes del acceso y calidad de los servicios. Estos informes incluyen reportes acerca de corrupción y quejas en general acerca de los servicios públicos. Una de las ventajas es que el Carnet provee una observación directa a los rendimientos (la calidad y cantidad de los servicios públicos), más bien que a los insumos (presupuestos, etc.). Una desventaja es que no da información a los votantes sobre las decisiones que han tomado políticos específicos. Tampoco dan información acerca de criterios de referencia para los servicios excepto hasta el punto en que las agencias mismas hayan establecido estándares de servicio. Así que puede ser difícil para los votantes evaluar, basándose en datos del Carnet, si los resultados justifican votar por quien desea ser reelegido.

¿Cuándo importa más el Poder del Cliente? Es especialmente importante desarrollar y ejercer el Poder del Cliente cuando los Proveedores y los Políticos adoptan la estrategia de ganar la elección por gastar recursos públicos en una manera que beneficia a intereses particulares. También es importante cuando ayuda a suavizar las dificultades asociadas con poblaciones heterogéneas, y cuando mejora la supervisión en aquellos casos especialmente difíciles de supervisar. Ejercer el Poder del Cliente es menos urgente si las políticas están a favor de los pobres, si la población es homogénea y si la supervisión del gobierno es fácil.

El Poder del Cliente puede desarrollarse. Una manera es asegurar que el dinero siga al Cliente. Por ejemplo, los pagos que el gobierno hace a las escuelas (y profesores) pueden depender del número de alumnos matriculados. Una alternativa es dar vales a los Clientes.

Otra forma de aumentar el Poder del Cliente es formar coaliciones que representan los intereses de los pobres tales como asociaciones de padres de familia y comités de salud. Las coaliciones se pueden fortalecer por incluir las clases medias. Se puede facilitar la inclusión de las clases medias por medio de establecer objetivos de interés común como una educación de alta calidad para todos los niños.

La descentralización puede aumentar el Poder del Cliente. Específicamente la administración descentralizada le da mayor autonomía a las escuelas, hospitales y a otros Proveedores. Si los Administradores están libres para supervisar a sus empleados, controlar los salarios e imponer sanciones por mal desempeño, entonces tienen la flexibilidad que se requiere para adaptarse a las necesidades variables de sus Clientes.

El Poder del Cliente puede ser institucionalizado por medio de varios mecanismos. Encuestas de preferencias pueden convertirse en una política estándar. La ley puede ordenar que algunos miembros de la comunidad sean parte de las juntas de planeación, y que las políticas sean aprobadas por una asamblea de la comunidad.

Entrega de Servicios

Lo ideal es entregar los servicios a las personas de bajos recursos que los demandan y para quienes están dirigidos. Sin embargo, los resultados en cuanto a la entrega de bienes y servicios básicos son peores para la gente pobre que para los no pobres, aún cuando las mayorías de las poblaciones de los países en desarrollo son pobres (World Bank, 2004, p. 20). En Perú, por ejemplo, más de 80% de los que tienen 15 a 19 años y que vienen de la quinta parte de la población más rica termina el grado noveno. En contraste, solamente el 20% de la quinta parte más pobre logran el mismo nivel de educación (World Bank, 2004, Fig. 1.2, p. 21). ¿Por qué?

Las deficiencias en la entrega de los servicios a los pobres se dan porque hay una ruptura en una o más de las relaciones en el Modelo de Entrega Efectiva de Servicios. La Voz puede fallar porque los Políticos tienen un incentivo muy poderoso de atender a intereses particulares, a sus partidarios y a los votantes indecisos que pueden determinar los resultados de la elección. El Pacto puede fallar cuando los servicios carecen de financiamiento adecuado a través de un sistema de impuestos progresivos. El Poder del Cliente puede fallar cuando los Proveedores no tienen el entrenamiento adecuado o porque los bienes y servicios son controlados por las elites. En general, la falla de cualquier de los varios elementos del Modelo de Entrega Efectiva de Servicios puede ser la causa de no entregar exitosamente los servicios a los pobres.

La reforma es posible. El Modelo de Entrega Efectiva de Servicios identifica a los agentes y las relaciones que deben ser fuertes. Las debilidades se pueden mejorar por lo menos de tres maneras. Primero, coaliciones entre los pobres y no pobres pueden fortalecer la Voz y el Poder de los Clientes. Segundo, episodios de reforma con frecuencia dependen de líderes dotados como políticos o asociaciones profesionales. Con frecuencia el elemento clave para el éxito, es la unión de esfuerzos de estos líderes y "tecnócratas" con coaliciones más grandes de Ciudadanos. Tercero, se puede superar debilidades por adoptar una política de incremento estratégico. Hay que empezar con problemas que son claros, importantes políticamente, y que se pueden ganar.

Todos los Elementos

Todos los elementos del Modelo de Entrega Efectiva de Servicio deben ser fuertes. La entrega de servicios puede fallar si cualquier elemento está débil. Por ejemplo, si la Voz está débil, puede ser que el gobierno no entregue los bienes y servicios mas necesitados. Si el Pacto está débil, un plan mediocre puede socavar la efectividad del uso de recursos. Si el Poder del Cliente está débil, los beneficios pueden ser capturados por las elites.

Lista de Verificación

El Cuadro 3.1 resume las conclusiones de este capítulo con una lista de verificación que puede usarse para diseñar un proceso efectivo de entrega de servicios.

CUADRO 3.1 LISTA DE VERIFICACIÓN DE ENTREGA DE SERVICIOS

1. Voz de Ciudadanos
   a. ¿Tienen los Ciudadanos pobres Voz fuerte en determinar los objetivos para el suministro de bienes y servicios básicos?
   b. ¿Evalúan los Ciudadanos pobres el desempeño de los políticos?
   c. ¿Está fácilmente disponible la información necesaria para evaluar a los políticos?
   d. ¿Está capturada la Voz por las élites locales?
   e. ¿Están institucionalizados mecanismos de Voz (asambleas comunitarias regulares, etc.)?
2. Pacto
   a. ¿Están claramente definidos los objetivos por los Políticos y los Proveedores de Servicios?
   b. ¿Se escogen los sectores para que correspondan a los objetivos?
   c. ¿Están ordenados y enlazados los bienes y servicios básicos?
   d. ¿Están propiamente dirigidos a los pobres los bienes y servicios básicos?
   e. ¿Están suficientes los recursos para lograr los objetivos?
   f. ¿Se usa tributación progresiva para financiar los bienes y servicios básicos?
   g. ¿Se escogen las organizaciones más eficientes y efectivos para suministrar bienes y servicios básicos?
   h. ¿Están coordinadas las organizaciones, si más que una organización suministra los bienes y servicios básicos?

i. ¿Se alinean los incentives con los objetivos?
j. ¿Monitorea el Estado a los Proveedores?

3. Poder de Cliente
   a. ¿Está descentralizada la gerencia?
   b. ¿Tienen los Clientes Voz fuerte en establecer los objetivos específicos de los Proveedores de Servicios?
   c. ¿Participan los Clientes en suministrar los bienes y servicios básicos?
   d. ¿Participan los Clientes en evaluar los resultados de los Proveedores de Servicios?
   e. ¿Está capturado el Poder de Cliente por las élites?
   f. ¿Está institucionalizado el Poder de Cliente?
4. Entrega de Servicios
   a. ¿Llegan los bienes y servicios básicos a los pobres?
5. ¿Están sanos todos los elementos del modelo (agentes y relaciones)?

CONCLUSIÓN

El Modelo de Entrega Efectiva de Servicios describe un proceso ideal para satisfacer las necesidades básicas de los pobres. El proceso incluye a tres agentes (los Ciudadanos, el Estado y los Proveedores) jugando papeles claves (Voz, Pacto y Poder del Cliente). En el modelo los Ciudadanos, especialmente los Ciudadanos pobres, son soberanos. Los Ciudadanos guían el proceso de la satisfacción de las necesidades básicas expresando sus necesidades y prioridades al Estado y a los Proveedores. Ellos participan en la construcción, y en donde es apropiado también en la supervisión. Los pobres han de ser sujetos de su propio desarrollo no sólo "recipientes" pasivos de la generosidad del gobierno. El Estado y los Proveedores les responden a los Ciudadanos pobres proveyendo los bienes y servicios básicos que requieren.

El resultado de la entrega efectiva de servicios es un proceso de desarrollo incluyente. Los Ciudadanos de bajos recursos se convierten en personas mas productivas cuando aprenden a leer, gozan de buena salud y nutrición, y tienen satisfechas otras necesidades básicas. Recursos humanos que antes eran desperdiciados son utilizados. La economía se hace más eficiente, y se aumenta la tasa de crecimiento. Ciudadanos que antes eran excluidos del proceso de desarrollo adquieren poder para producir más, contribuir más, ganar más y vivir una vida más plena.

El capítulo 4 introduce el papel de la descentralización en la satisfacción de las necesidades básicas y en el establecimiento de un proceso de desarrollo incluyente. El capitulo extiende el Modelo de la Entrega Efectiva de Servicios para incluir la descentralización. Los capítulos que siguen usan el modelo extendido de descentralización para analizar las fortalezas y las debilidades de algunos programas descentralizados en América Latina. Siempre, el objetivo final es crear un proceso de desarrollo incluyente.

CAPÍTULO 4

DESCENTRALIZACIÓN PARA SATISFACER NECESIDADES BÁSICAS

La comunidad no tiene voz; aquí no hay líderes.
—panameño pobre (1998)

INTRODUCCIÓN

La descentralización es un proceso progresivo de transferencia de decisiones de ingresos y gastos desde el gobierno central hacia entidades subordinadas como los Estados y los municipios (Aghón, 1993, p. 8; Blandón, 2003, p. 979). En pocas palabras, la descentralización acerca a la gente las funciones económicas del gobierno, a la recaudación de impuestos y el manejo de los gastos. La descentralización es un proceso progresivo porque se requiere planeación y tiempo para preparar a los niveles más bajos del gobierno para asumir responsabilidades nuevas.

La descentralización puede ayudar a satisfacer las necesidades básicas de los pobres de muchas maneras. Para acercar al gobierno a la gente, la descentralización puede fortalecer la Voz de los que no la tienen. La descentralización puede dar al gobierno la flexibilidad necesaria para responder a las diferentes necesidades de los pobres que viven en distintas jurisdicciones locales. La descentralización puede aumentar la participación

Descentralización Para Satisfacer Necesidades Básicas, páginas 45–57
Desechor reservados respicto a cualquier forma de reproducción
© 2009 por Information Age Publishing

de los pobres en producir los bienes y servicios básicos, y así bajar los costos de producción, mejorar la supervisión y crear incentivos más fuertes para que el Estado y los Proveedores hagan una entrega efectiva de bienes y servicios básicos.

A pesar de las ventajas potenciales, si la descentralización está mediocremente instituida, puede en realidad reducir la satisfacción de las necesidades básicas y empeorar el subdesarrollo. Las elites locales pueden capturar el proceso y los bienes y servicios básicos que se destinaban a los pobres. La polarización social o la falta de información pueden socavar el proceso político. Los gobiernos locales pueden carecer de la capacidad para gravar impuestos y hacer gastos. Además, como se verá más adelante, los gobiernos locales son menos capaces que el gobierno central de imponer un sistema progresivo de impuestos para financiar los bienes y servicios básicos.

La descentralización no satisface las necesidades básicas de los pobres automáticamente, y no es una cura automática para la pobreza, la desigualdad y el subdesarrollo. Para que la descentralización realice los beneficios potenciales, es muy importante identificar en cada país tanto los obstáculos como las posibilidades, así como diseñar el proceso de descentralización que corresponda mejor a las circunstancias. El propósito de éste capítulo es ayudar a los que formulan las políticas a resolver este problema.

El capítulo está dividido en dos apartados. El primero presenta un modelo que provee los elementos claves de la descentralización. El segundo describe en más detalle varias formas que la descentralización puede asumir, y también las principales ventajas y desventajas de cada forma. El desafío para los que formulan políticas es cómo instituir la forma de descentralización que más contribuya a la satisfacción de las necesidades básicas de los pobres tomando en cuenta tanto las potencialidades como los obstáculos para la descentralización en su jurisdicción particular.

MODELO DESCENTRALIZACIÓN

La Figura 4.1 extiende el Modelo Entrega Efectiva de Servicios presentado en el Capítulo 3 para incluir el proceso de descentralización.

Nivel de Gobierno

La Figura 4.1 distingue al gobierno central de los gobiernos supeditados. Normalmente hay dos niveles de gobierno supeditado, los Estados y los

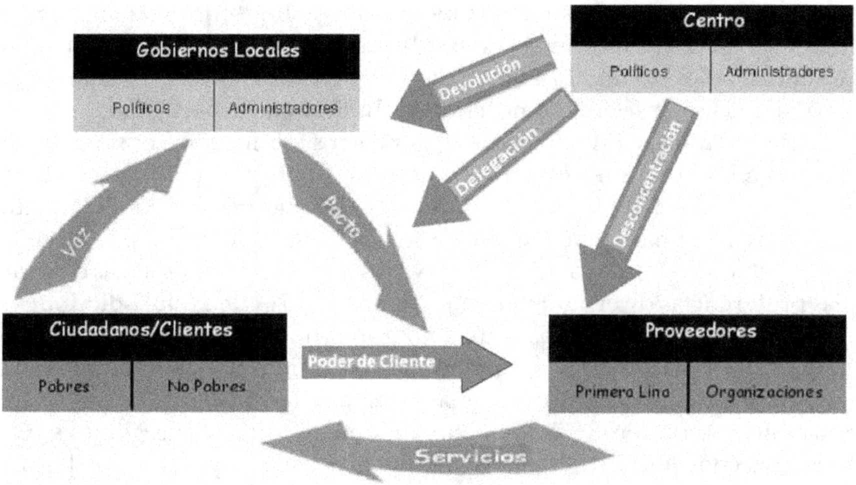

Figura 4.1 Modelo Descentralización. *Fuente:* World Bank, 2004.

municipios. Veremos en el Capítulo 6 que el Estado de Tlaxcala, México, ha creado un cuarto nivel de gobierno, la comunidad.

¿Cuál de los niveles subordinados de gobierno es el más apropiado para entregar los bienes y servicios básicos a los pobres? La Teoría de Federalismo Fiscal provee una guía que ayuda responder esta pregunta.

¿Cuál Nivel Gubernamental Debería Suministrar los Bienes y Servicios Básicos?

La Teoría de Federalismo Fiscal indica qué nivel de gobierno subordinado es el apropiado para proveer los bienes y servicios básicos. El gobierno apropiado es aquel cuya jurisdicción abarca a los beneficiados del servicio (Oates, 1972, Capítulo 2). El gobierno central debería proveer los bienes y servicios que benefician a la nación entera. Los niveles mas bajos de gobierno deberían suministrar los bienes y servicios que benefician a los de sus jurisdiccones. Este es el llamado Principio de Correspondencia: el nivel del gobierno debe "corresponder" al área que contiene a los beneficiados.

El Principio de Correspondencia proviene de dos hechos fundamentales. Primero, los beneficios de algunos bienes públicos están limitados a ciertos subgrupos geográficos de la población total. Con frecuencia, los beneficios de bienes y servicios básicos (educación primaria, salud pública, nutrición, vivienda, agua potable y alcantarillado) están limitados a los niveles locales.

El segundo hecho fundamental es que las preferencias frecuentemente varían entre los residentes de diferentes comunidades. Las necesidades de los pobres de las zonas rurales pueden ser bastante distintas de los de las zonas urbanas. Las necesidades de los pobres en una zona urbana grande pueden ser diferentes de las de los pobres en una zona pequeña. Las necesidades de una localidad en cualquier momento dependen de la historia de la satisfacción de necesidades básicas en esa localidad.

La descentralización permite a los gobiernos locales proveer servicios de acuerdo a las diferentes preferencias de los subgrupos de la sociedad. Así se fortalece la Voz de la población y se da al gobierno la flexibilidad para responder a esa participación. Se aumenta el bienestar social por permitir que el gobierno provea los bienes y servicios que corresponden más de cerca a las preferencias diversas de los ciudadanos a través de las jurisdicciones.

En contraste, es difícil para un solo gobierno central tomar en cuenta las diferentes preferencias, y mucho más responder a esas diferencias. La centralización tiende a proveer más o menos lo mismo para todos. Las variaciones en preferencias son generalmente ignoradas. Las gentes se ven forzadas a consumir bienes y servicios que no son su mayor prioridad. Así el bienestar social se disminuye.

La Teoría de Federalismo Fiscal concluye con el Teorema de Descentralización:

> En el caso de un bien o servicio público—cuyo consumo se define de acuerdo a subgrupos geográficos de la población total, y para el cual los costos de suministrar son los mismos para el gobierno central que para el gobierno local—siempre será más eficiente (o menos ineficiente) si los gobiernos locales proveen los niveles eficientes de servicios para sus respectivas jurisdicciones que si el gobierno central provee un nivel específico y uniforme de servicios para todas las jurisdicciones. (Oates, 1972, p. 35)

¿Cuál Nivel de Gobierno Debería Redistribuir el Ingreso?

Un financiamiento eficiente de las necesidades básicas de los pobres requiere una redistribución del ingreso que consiste principalmente en imponer impuestos a los ricos para pagar los bienes y servicios que se dan a los pobres. La Teoría de Federalismo Fiscal sostiene que es difícil para los gobiernos locales llevar a cabo la redistribución del ingreso (Oates, 1972, pp. 6–8, 31–33). El argumento formal es que si una municipalidad adopta una política de redistribución del ingreso más agresiva que la de las municipalidades que la rodean, entonces se crea un incentivo para que los ricos se cambien a otras municipalidades vecinas y los pobres se trasladen a la comunidad redistribuidora (Oates, 1972, p. 7). La movilidad tanto de los residentes ricos como de los pobres, socava los esfuerzos de la municipalidad para redistribuir agresivamente los ingresos.

La conclusión estándar es que las municipalidades deberían evitar envolverse en una política de redistribución. Como la movilidad a través de las fronteras nacionales es generalmente mucho más difícil que la movilidad interna, una política de redistribución debería llevarse a cabo principalmente a nivel nacional (Oates, 1972, pg.8). La redistribución del ingreso es generalmente una función del gobierno central.

Podemos agregar que las municipalidades a veces están segregadas según estratos económicos. Hay municipalidades ricas y hay municipalidades pobres. Las municipalidades ricas tienen poca necesidad de redistribuir el ingreso para satisfacer necesidades básicas. Las municipalidades pobres tienen poca capacidad para redistribuir el ingreso. Por lo tanto, la descentralización reduce la redistribución del ingreso en las municipalidades que están segregadas en estratos económicos.

La limitada capacidad de las municipalidades para redistribuir el ingreso pone en duda la política de descentralizar la recaudación a los gobiernos locales para satisfacer las necesidades básicas de los pobres. Tal política reduce la capacidad de la nación para redistribuir el ingreso, y por consiguiente retrasa la satisfacción de las necesidades básicas necesarias para un desarrollo incluyente. El reconocido economista Richard Musgrave concluye que "La descentralización reduce la capacidad de hacer políticas de redistribución. Las implicaciones para tales políticas son, por lo tanto, un factor estratégico en el tema de la centralización versus la descentralización. (Musgrave, 1989, p. 459)

¿Tienen las Municipalidades Algún Papel en la Redistribución?

Los argumentos presentados anteriormente muestran que hay límites a la cantidad de ingreso que las municipalidades pueden redistribuir, pero el argumento asume un caso extremo que se aleja de la realidad de varias maneras importantes. Otros argumentos más realistas asumen que sí hay posibilidades, aunque sean limitadas para la redistribución a nivel local.

Primero, el argumento normal asume que la municipalidad está involucrada en una política de redistribución "significativamente más agresiva" que las de las jurisdicciones vecinas. Esto implica que un gobierno local puede envolverse más o menos en el mismo grado de redistribución que las localidades vecinas sin peligro de ser afectado por la migración. Si todas las municipalidades están envueltas aproximadamente en el mismo grado de redistribución, ningún residente tiene nada que ganar por trasladarse de un lugar a otro.

Segundo, el significado preciso de la expresión "significativamente más agresiva" no es claro. ¿Qué tanta redistribución extra puede hacer una municipalidad sin causar una migración que ponga en peligro la política? Varios factores podrían disminuir la migración en respuesta a políticas de redistribución relativamente agresiva. Estos incluyen, amistades con otros miembros de la comunidad, deseos de ayudar a los pobres dentro de la propia localidad, el costo de traslado en tiempo y dinero, acceso al trabajo, centros comerciales y amenidades culturales, la calidad del sistema escolar y otros servicios públicos como la protección policíaca. La zonificación, el alto costo de la vivienda, los impuestos altos y las diferencias culturales pueden prevenir el traslado de los pobres de una comunidad más rica.

El conocimiento de los programas de redistribución "extra" en cualquier municipalidad puede ser imperfecto. La gente tal vez no tiene información sobre el grado de redistribución que se da en su propia municipalidad, mucho menos en otras. Parece entonces, que solamente en un caso extremo obtendría una municipalidad la reputación de "exprimir a los ricos" a tal grado que los hiciera salir.

La movilidad disminuye con el tamaño de la jurisdicción y con la falta de un medio de transporte rápido y barato. La Ciudad de México por ejemplo, es una municipalidad muy grande con una red de transporte congestionada. Es cierto que para evitar la redistribución la migración es restringida por el mero hecho de que la congestión de tráfico hace que los viajes a largas distancias sean costosos. Por otro lado, una persona rica que vive en un pueblo pequeño podría más fácilmente salir de su municipalidad debido a un programa agresivo de redistribución.

La conclusión es que la movilidad pone límites en la capacidad que tienen los gobiernos locales de implementar un programa de redistribución para satisfacer las necesidades básicas de los pobres, y que la movilidad varía con el tamaño de la jurisdicción. Los Estados están más capaces que las municipalidades para redistribuir el ingreso, y los gobiernos centrales están más capaces que los Estados. Esto no quiere decir que los gobiernos locales deban abandonar todo esfuerzo para redistribuir el ingreso con el fin de satisfacer las necesidades básicas. Sin embargo, son los gobiernos centrales los que tienen mayor capacidad para una redistribución efectiva, y por consiguiente tiene sentido que sean ellos los que asuman la responsabilidad principal por la redistribución del ingreso.

Agentes y Papeles

La Figura 4.1 muestra que los mismos tres agentes (ciudadanos, políticos y proveedores) y las mismas tres relaciones (Voz, Pacto y Poder de Cliente) determinan la calidad de la entrega de servicios a un nivel local de gobierno. Todo lo que se dijo en el Capítulo 3 acerca de la relación entre los agentes se aplica al nivel local. El papel de la descentralización es fortalecer a los agentes y las relaciones del Modelo Entrega Efectiva de Servicios presentado en el Capítulo 3.

Niveles de Descentralización

Las tres flechas de la Figura 4.1 que parten del gobierno central hacia el gobierno local indican que son posibles tres formas de descentralización: "desconcentración", "delegación", y "devolución". Desconcentración es la forma más baja de descentralización y consiste principalmente en una redistribución territorial de las oficinas y personal del gobierno central (Blandón, 2003, p. 979). La forma más completa de descentralización es la devolución. Por ella ambos poderes, tanto el de tributación como el de gastos fiscales son descentralizados a gobiernos locales. Delegación es una forma intermedia de descentralización.

La Tabla 4.1 distingue cada nivel de descentralización por sus componentes políticos, fiscales y administrativos. El componente político consiste en la fuerza de la Voz que los ciudadanos locales tienen para demandar bienes y servicios básicos. El componente fiscal se refiere a la tarea de recaudar y disponer de los ingresos. El componente administrativo se refiere al proceso de suministrar los bienes y servicios por los proveedores.

Desconcentración

Existe desconcentración política si el gobierno local es designado por el gobierno central y responsable ante él. Una ventaja más importante es que se puede contrarrestar el control del gobierno local por las elites. Una desventaja es que la Voz del Ciudadano es remota y relativamente débil.

Desconcentración fiscal existe si todos los fondos y las decisiones de gastos vienen del centro. La mayor ventaja de la desconcentración fiscal es que facilita la redistribución que es necesaria para satisfacer las necesidades básicas de los pobres en el tiempo más corto posible. Esto implica que el sistema de recaudación de impuestos del gobierno central es progresivo.

La desventaja de la desconcentración fiscal es que no toma en cuenta la variedad de necesidades de las diferentes localidades. Además, el control central de la oferta de bienes y servicios puede ser una manera en que el gobierno central use su poder para manipular al electorado, aunque este peligro se puede reducir con reglas para la distribución y control. Los gastos no están relacionados de cerca con los impuestos locales, y por lo tanto la gente tiende a demandar demasiados bienes y servicios públicos. Sin embargo, esta desventaja pierde significado en el caso de suministro de los bienes y servicios subvencionados a los pobres.

La desconcentración administrativa existe si todo el personal proveedor que trabaja a nivel local es empleado por el gobierno central y responsable ante él. El centro simplemente traslada sus oficinas a la jurisdicción local. La mayor ventaja de la administración desconcentrada es que compensa la falta de capacidad administrativa a nivel local. También la desconcentración administrativa puede usarse para entrenar a los empleados locales. Su

TABLA 4.1 Grados de Descentralización

Grado de Descentralización	Características Políticas (Demanda)	Características Fiscales (Ingresos/Gastos)	Características Administrativas (Oferta)
Desconcentración	• Gobierno no elegido localmente • Gobierno local designado por, y responsable ante, el gobierno central • Voz débil	• Todos los fondos y decisiones de gastos vienen del centro. • Gobierno local es agente suministrador del centro. • Ninguna discreción local sobre servicios	• Personal es empleado de, y responsable ante, el centro. • Débil Poder de Cliente
Devolución	• Gobierno local elegido por, y responsable ante, los Ciudadanos locales • Voz más fuerte	• Gobierno local asigna recursos, sujeto a criterios nacionales establecidos por el centro • Fondos levantados principalmente por impuestos locales	• Personal es empleado de, y responsable ante, el gobierno local • Gobierno local tiene plena discreción sobre sueldos, cantidades y asignación de empleados; tiene la autoridad de contratar y despedir a los empleados. • Es posible que los generales criterios y procedimientos laborales sean establecidos por el centro • Poder de Cliente más fuerte
Delegación	• Gobierno local elegido localmente, pero es responsable parcialmente ante el centro • Más Voz que desconcentración, pero el centro puede invalidar	• Mayoría de fondos del centro • Prioridades y normas de gastos del centro • Alguna autoridad local sobre asignación de recursos para tomar en cuenta circunstancias locales	• Personal puede ser empleados o del centro o del gobierno local, pero sueldos y condiciones de empleo establecidos por el centro • Gobierno local puede tener alguna autoridad en contratar y manejar al personal, pero su poder de despedir es restringido

desventaja es que el Poder del Cliente y la responsabilidad de los ciudadanos locales es mínima; sin embargo esta desventaja, se puede compensar hasta cierto punto, con un Pacto fuerte.

Devolución

La devolución política existe si los políticos locales son elegidos por el electorado local. La ventaja de la devolución política es que la Voz ciudadana puede ser más fuerte. La desventaja es que el gobierno local puede ser controlado por las elites. También, la polarización social y los votantes mal informados pueden desviar el proceso político lejos de la satisfacción de las necesidades básicas.

La devolución fiscal existe si el gobierno local controla las decisiones de gastos, y el financiamiento proviene principalmente de la jurisdicción local aunque sea suplementada por el centro. La ventaja de la devolución fiscal es que cada gobierno local es libre para proveer los bienes y servicios que responden directamente a las necesidades únicas de su población. El proceso fiscal es eficiente en cuanto que los gastos son limitados por la voluntad de los ciudadanos para pagar impuestos.

La desventaja de la devolución fiscal es que disminuye la posibilidad de redistribución del ingreso para satisfacer las necesidades de los pobres. La devolución fiscal acentúa las diferencias regionales. Una jurisdicción pobre tiene muy poca capacidad para gravar, y por lo tanto las necesidades básicas de la población permanecen sin satisfacerse. Es relativamente fácil para una jurisdicción rica gravar. Por lo tanto en esa región se satisfacen las necesidades tanto básicas como lucrativas dando como resultado un crecimiento y desarrollo continuo.

La devolución administrativa existe si los proveedores son empleados del gobierno local y totalmente responsables ante él. La ventaja de la devolución administrativa es que el Poder del Cliente es mayor. La desventaja es que la capacidad de administración local puede ser débil. También, el Poder del Cliente puede tener su lado negativo: la administración local puede ser distraída de la satisfacción de las necesidades básicas de los pobres debido a la polarización social y de que los ciudadanos no estén bien informados.

Delegación

En general, la delegación ocupa un sitio intermedio entre la desconcentración y la devolución. En la delegación política los gobiernos locales son elegidos y hasta cierto punto controlados por los ciudadanos locales aunque sean parcialmente responsables ante el centro. La ventaja de la delegación política es que los ciudadanos locales tienen más Voz que en el caso de la desconcentración. El hecho de que el centro tenga algún control sobre los gobiernos locales puede ser positivo o negativo dependiendo de la calidad de la política local y de la central. Si por ejemplo, el gobierno local está controlado por elites locales que no tienen ningún interés en satisfacer las necesidades básicas de los pobres y el gobierno central está a favor de los pobres, entonces el control del centro sobre el gobierno local contribuye a la satisfacción de las necesidades básicas.

La delegación fiscal existe si las prioridades de gastos y los requisitos de programas son establecidos centralmente pero los gobiernos locales tienen autoridad para ajustar la asignación de recursos para satisfacer las necesidades locales. El gobierno central provee todos los fondos.

La ventaja de la delegación fiscal es que el gobierno central puede tener algo de lo que tal vez carezca el gobierno local: la pericia para diseñar los estándares de los programas. También puede limitarse el control del proceso de descentralización por las elites locales. Al mismo tiempo, los gobiernos locales tienen la flexibilidad para ajustarse a las circunstancias locales. Los fondos que el centro provee hacen posible redistribuir el ingreso y lograr la satisfacción de las necesidades básicas de los pobres a tiempo.

La desventaja de la delegación fiscal puede ser que la flexibilidad del gobierno local es limitada. Este es un inconveniente en los casos en los cuales el gobierno local es competente y las necesidades de los pobres varían mucho entre jurisdicciones. Otra debilidad es que el gobierno local tiene poca libertad para gravar y gastar.

La delegación administrativa existe si el gobierno local tiene la libertad de emplear y, con ciertas limitaciones manejar a los empleados. Sin embargo, el gobierno central determina el pago, impone las condiciones de empleo y mantiene su autoridad para despedir a los empleados. La ventaja de la delegación administrativa es que da más Poder del Cliente a los ciudadanos locales que la desconcentración administrativa. La gran desventaja es que la determinación de pagos y el despido de empleados son dos instrumentos claves de control. La centralización de estos dos poderes reduce inmensamente la capacidad del gobierno local para responder a la población y manejar los empleados efectivamente.

Muchas Combinaciones Son Posibles

Muchas combinaciones de descentralización son posibles. Por ejemplo, un país puede adoptar una combinación de devolución política y desconcentración fiscal en la cual el gobierno local es responsable ante el electorado local pero todos los fondos provienen del gobierno central. En la práctica la descentralización frecuentemente es una mezcla de desconcentración, delegación y devolución.

Resumen

La mezcla apropiada de las variadas características de la descentralización depende de las circunstancias en las cuales el gobierno esté operando. Se requiere planeación y ejecución cuidadosa.

La Tabla 4.2 muestra un resumen de las ventajas y desventajas más importantes de cada tipo de descentralización. Se puede usarla con el Cuadro 3.1 para evaluar los programas de descentralización. Se esperaría que el lector pueda encontrar otras ventajas y desventajas. El desafío para los diseñadores de políticas es identificar y establecer la forma de

TABLA 4.2 Fortalezas y Debilidades de Descentralización

Grado de Descentralización	Fortalezas	Debilidades
Desconcentración		
Política	Minimiza captura por élites locales	Débil Voz de los pobres
Fiscal	Facilita redistribución de ingreso	Insensible a heterogeneidad de preferencias
Administrativa	Compensa la falta de capacidad local	Débil Poder de Cliente
Devolución		
Política	Maximiza Voz de los pobres	Captura por élites locales; polarización social y votación infundada pueden socavar el proceso político
Fiscal	Atender la heterogeneidad de preferencias; suministro eficiente	Minimiza la capacidad de redistribuir el ingreso
Administrativa	Maximiza el Poder de Cliente	Falta de capacidad local
Delegación		
Política	Equilibra Voz con control de élites locales	Voz reducida; élites del centro pueden socavar el control local
Fiscal	Equilibra la discreción local con prioridades y normas del centro; Acomoda la redistribución	Limitada flexibilidad para responder a la heterogeneidad
Administrativa	Equilibra compensación para una falta de capacidad local con algún Poder de Cliente	Falta de control sobre el personal

descentralización que mejor se acomode a las circunstancias del país. Los programas se pueden evaluar primero identificando la forma de descentralización y luego respondiendo si ésta satisface las circunstancias políticas, fiscales y administrativas.

CONCLUSIÓN

En un mundo ideal no hay necesidad de redistribuir el ingreso, no hay ignorancia, no hay ausencia de habilidades administrativas y no hay captura de la Voz ciudadana y Poder del Cliente por las elites. En esas circunstancias, la forma apropiada de descentralización es la "devolución." La devolución da Voz y Poder del Cliente a los pobres "sin voz." El nivel de gobierno más apropiado responde a las necesidades particulares de la jurisdicción. Los Pactos entre gobiernos y Proveedores incluyen guías para suministrar bienes y servicios básicos. Los beneficiarios pagan impuestos por los bienes y servicios que reciben, y así se aseguran cantidades eficientes de producción. Los Proveedores usan las directrices de los Pactos, la Voz del Ciudadano y las habilidades de los Clientes para entregar eficientemente y efectivamente los bienes y servicios necesarios. En estas circunstancias la devolución funciona mejor para satisfacer las necesidades básicas y engendrar un proceso de desarrollo incluyente.

En el mundo real, la pobreza extrema y la desigualdad crean la necesidad de la redistribución del ingreso en parte porque quitan a los pobres su Voz y posibilitan que las elites controlen a los gobiernos. La falta de educación engendra ignorancia. La cultura, la historia, la ignorancia y la avaricia contribuyen a la polarización social. Los gobiernos carecen de habilidades administrativas. Estas realidades pueden socavar el efecto positivo de la devolución. Hasta cuando estos problemas se conquisten, una mezcla de las diferentes formas de descentralización puede ser preferible.

Los modelos en este capítulo indican que hay tres formas de descentralización y tres características en cada forma. Es posible que se den combinaciones múltiples de formas y características, cada una con sus ventajas y desventajas. El primer desafío para un gobierno es evaluar las circunstancias políticas, fiscales y administrativas en las cuales funciona, y diseñar un programa de descentralización que tome ventaja de estas circunstancias. El segundo desafío es avanzar el proceso de descentralización paso a paso a través del tiempo.

En los próximos capítulos, evaluaremos varios programas de descentralización a la luz del modelo presentado en los capítulos tercero y cuarto. Examinaremos cómo cada programa responde a las circunstancias en las cuales funciona. Observaremos la creatividad en diseño de programas y veremos que cada programa tiene ventajas y desventajas. El objetivo es aprender por medio de estos ejemplos, cómo diseñar programas de descentralización que sean cada vez más efectivos para satisfacer las necesidades básicas de los pobres y así instituir un proceso de desarrollo incluyente.

PARTE TERCERA

ESTUDIOS DE CASO

CAPÍTULO 5

DESCENTRALIZACIÓN EN MÉXICO BASADA EN TRANSFERENCIAS

Los niveles descentralizados de gobierno no necesitan recaudar sus propios impuestos.

—Wallace E. Oates (1972)

INTRODUCCIÓN

Casi 5 millones de mexicanos viven con menos de $1 USD al día y más de 21 millones viven con menos de $2 USD al día. Innumerables más están viviendo en extrema necesidad. El 10% de los mexicanos más ricos recibe 25 veces el ingreso del 10% más pobre. La tasa de mortalidad infantil en el país es tres veces más alta que la de los Estados Unidos (Tablas 1.2, 1.3 y 1.5).

¿Cómo responde el proceso de descentralización en México a estas circunstancias? ¿Es efectiva la descentralización en darles a los mexicanos de bajos ingresos una oportunidad de superar la pobreza para incorporarse en el proceso de desarrollo? El propósito de este capítulo es responder a estas preguntas.

El capítulo comienza con una visión general del sistema de subvenciones del país y una descripción de la única subvención orientada específicamente a responder a las necesidades básicas de los necesitados, el FAIS (Fondo de Aportaciones para la Infraestructura Social). Posteriormente, se evalúa el

Descentralización Para Satisfacer Necesidades Básicas, páginas 61–76
Desechor reservados respicto a cualquier forma de reproducción
© 2009 por Information Age Publishing

sistema a la luz de la teoría de descentralización de los capítulos 3–4. El capítulo concluye con recomendaciones para los tomadores de decisiones.

VISIÓN GENERAL

Centralización

El proceso de descentralización en México tiene raíces históricas. Al principio del siglo XX, el país estaba en un desorden financiero. La autoridad sobre los impuestos era débil. El gasto público era financiado a través del crédito y la impresión de moneda. Cada nivel de gobierno tenía su propio sistema de ingresos. Diferentes niveles de gobierno ponían impuestos a un mismo artículo. Una multiplicidad de tasas y multas hacían el sistema financiero complejo e ineficiente (Giugale y Weeb, 2000, pp. 123–124).

Como remedio, el gobierno federal inició un proceso de *centralización* fiscal en el cual casi todos los impuestos llegaban a ser recaudados por el gobierno central. Los gobiernos locales acordaron limitar sus impuestos a cambio de recibir ingresos transferidos desde el gobierno federal. Los Estados y municipios no fueron forzados a renunciar a su autoridad sobre los impuestos. Sin embargo, su habilidad para recibir no solo ingresos tributarios, sino también de la industria petrolera, así como evitar costos políticos asociados con la imposición de impuestos, hizo la participación voluntaria en el sistema federal una decisión atractiva (Giugale y Webb, 2000, pp. 126–127). Así el sistema financiero de México llegó a ser altamente centralizado.

Descentralización a través de Transferencias de Ingresos

México ha comenzado a revertir su proceso de centralización fiscal, instituyendo una gran cantidad de transferencias financieras del gobierno central hacia los Estados y municipios. En 1999, el gobierno federal transfirió más del 39% de su presupuesto total a los Estados y gobiernos locales. Las transferencias son ahora el gasto más grande dentro del presupuesto federal. Estas transferencias fueron más que el 30% del presupuesto dedicado al pago de todos los gastos de las Secretarías centrales (Giugale y Webb, 2000, p. 206).

La importancia de las transferencias para los Estados es evidente por el hecho de que en 1999, los impuestos estatales representaban cerca de 4.5% de ingresos totales (Giugale y Webb, 2000, p. 16).[1] Los gobiernos municipales son en promedio solo poco menos dependientes que los Estados de las transferencias del gobierno central.

Hay una variedad de estimaciones sobre el porcentaje del presupuesto municipal que llega por transferencias, pero todos están de acuerdo en que el porcentaje es alto. Giugale y Webb estimaron que en 1999 los gobiernos municipales recibieron cerca de dos terceras partes del total neto de sus ingresos por transferencias (Giugale y Webb, 2000, p. 16). Courchene y Díaz-Cayeros, calcularon que en el mismo año los municipios recibieron 80% de sus ingresos de transferencias intergubernamentales (Giugale y Webb, 2000, p. 220). La Secretaría de Hacienda y Crédito Público (SHCP) de México reportó que en 1999 las municipalidades mexicanas recibieron no menos del 91.7% de sus ingresos en forma de transferencias (Raich, 2005, p. 11). En contraste, las municipalidades chilenas recibieron solamente 5.7% de sus ingresos de transferencias en 1999. El promedio para toda Latinoamérica fue 39.4%, menos que la mitad del porcentaje de México.

SISTEMA DE TRANSFERENCIAS EN MÉXICO

La Tabla 5.1 muestra algunas características seleccionadas del extenso sistema de transferencias en México como existía en 1999. La columna 2 de la tabla muestra dos principales categorías de subvenciones en México: Participaciones (Ramo 28) y Aportaciones (Ramo 33).

Participaciones

Las Participaciones fueron originalmente los ingresos de Estados y municipios cuya recaudación fue delegada al nivel federal para corregir la situación caótica de impuestos que existía entre los niveles locales de gobierno. El gobierno federal está legalmente obligado a recaudar los impuestos y a regresar el dinero a las áreas de donde proviene. La columna 4, "Tipo de Gasto," indica que las Participaciones son generalmente usadas para pagos de gastos corrientes. Cualquier efecto para satisfacer las necesidades básicas es indirecto.

En principio, el gobierno federal simplemente actúa como un agente recaudador para los Estados y gobiernos locales. Sin embargo, en la práctica, se da un movimiento dirigido hacia el uso de Participaciones para redistribuir el ingreso desde regiones relativamente ricas hacia regiones relativamente pobres. La columna 6, "Naturaleza de Asignación" indica que la distribución de Participaciones es "igual" o por "derivación." "Igual" significa que los fondos son distribuidos sobre una base igual per capita. "Derivación" significa que los fondos son devueltos al área desde

TABLA 5.1 Fondos Federales Transferidos a Estados y Municipalidades, 1999 (millones de pesos)

(1) Fondo	(2) Ramo	(3) Cantidad	(4) Tipo de Gasto	(5) Tipo de Transferencia	(6) Naturaleza de Asignación	(7) Fórmula
General de Participaciones (FGP)	28	117,801	Estados deben transferir por lo menos 20% a las municipalidades	Incondicional	Igual	Sí
De Fomento Municipal (FFM)	28	5,559	En su mayor parte corriente	Incondicional	Derivación	Sí
Tenencia	28	7,984	Ingresos propios	Incondicional	Derivación	100%
Automóviles nuevos (ISAN)	28	3,255	Ingresos propios	Incondicional	Derivación	100%
Impuestos especiales	28	2,600	En su mayor parte corriente	Incondicional	Derivación	Sí
Otras participaciones en ingresos	28	1,437	En su mayor parte corriente	Incondicional	Derivación	No
Aportaciones para la Educación Básica y Normal (FAEB)	33	86,481	Corriente (nóminas de maestros de educación básica)	Condicional	Igual	No[a]
Aportaciones para Servicios de Salud (FASS)	33	14,466	Corriente (nóminas de médicos y enfermeras)	Condicional	Igual	No[b]
Aportaciones para la Infraestructura Social Municipal (*FAIS*M)	33	12,245	Inversión de capital en las municipalidades (Obras públicas)	Condicional	Compensatorio	Sí
Aportaciones para la Infraestructura Social Estatal (*FAIS*E)	33	1,689	Inversión de capital, estados pueden asignar según sus propios criterios a las municipalidades	Condicional	Compensatorio	Sí

Aportaciones para el Fortalecimiento de los municipios (FAFM)	33	13,098	Corriente, aunque es recomendado gastar para deuda pública y seguridad	Incondicional	Igual	Sí
Aportaciones Multiples (FAM)	33	4,537	Corriente y de capital (desayunos escolares y construcción de escuelas)	Condicional	Igual	No[a]
Aportaciones para la Educación Tecnológica de Adultos (FAEA)	33/11	1,251	Corriente (institutos técnicos)	Condicional	Igual	No[a]
Aportaciones para la Seguridad Pública de los Estados y del Distrito Federal (FASP)	33	4,700	Corriente, aunque algún equipo capital	Condicional	Derivación	Sí
Aportaciones para los servicios de educación básica en el Distrito Federal	25	10,767	Corriente (nóminas de profesores)	Condicional	n.a.	No
Previsiones salariales por FAEB	25	10,935	Corriente (aumentos de sueldos de profesores)	Condicional	Igual	No[a]
Previsiones salariales por FASSA	12	1,696	Corriente (aumentos de sueldos de médicos y enfermeras)	Condicional	Igual	No[a]
Previsiones salariales	23	1,966	Corriente	Condicional	n.a.	No
Desastres Naturales	23	4,000	Corriente	Condicional	n.a.	No

[a] La Ley de Coordinación Fiscal da algunas normas, pero son tan generales que no se consideran una fórmula obligatoria.

[b] Existe una fórmulas, pero solo para una parte como compensación del fondo y representa el 1% del fondo.

Nota: n.a. = no aplicable

Fuente: Giugale, Table 5.1, pp. 209–210

donde fueron derivados.[2] La mayor Participación, el Fondo General de Participación (FGP), va cambiando desde la base de derivación hacia la base igual per capita. Esto causa que las Participaciones sean distribuidas más o menos igualmente entre los Estados (Giugale y Web, 2000, p. 208).

La columna 5 de la Tabla 5.1 indica que las Participaciones son transferidas incondicionalmente. Esto significa que el gobierno federal no impone condiciones sobre las formas en las cuales se gastan las subvenciones. Sin embargo, las transferencias son de hecho menos incondicionales de lo que aparentan al principio. La realidad es que los Estados y municipios tuvieron compromisos financieros, tales como los salarios de profesores, doctores y enfermeras, antes de que la recaudación de impuestos fuera delegada al gobierno federal, y esos compromisos permanecen. Además, los sueldos y salarios son a menudo fijados por el gobierno federal. En palabras de un agente estatal, “nuestra autonomía es cero” (Fuentes, 2003; Giugale y Webb, 2000, p. 52).

Aportaciones

La segunda categoría principal de fondos en la Tabla 5.1 es el Ramo 33, llamado Aportaciones. La columna 5, “Tipo de Transferencia,” indica que las Aportaciones son generalmente subvenciones *condicionadas.* Estas fueron originalmente reservadas para pagar los compromisos de gasto federal que habían sido transferidos a los Estados y municipios (Giugale y Webb, 2000, p. 211).

Responsabilidades del Gasto

Las responsabilidades de los gastos estatales y municipales han sido asignadas unilateralmente por el gobierno central. A los Estados se les ha asignado una amplia variedad de gastos. Y lo que es más importante en términos de satisfacer las necesidades básicas, se les ha asignado la responsabilidad del gasto en educación, salud, agua, drenaje, caminos, seguridad pública y asistencia social (Giugale y Webb, 2000, Tabla 3.1, pp. 140–142).

A los municipios se les han asignado pocos gastos y responsabilidades especialmente en educación y salud sobre los cuales podrían conseguirse beneficios significativos a través de su descentralización a la unidad gubernamental más baja (Giugale y Webb, 2000, p. 139). La experiencia internacional muestra que la entrega de servicios educativos llega a ser más eficiente cuando la descentralización alcanza el nivel local de gobierno y, es todavía más eficiente cuando la descentralización se extiende al nivel de la escuela (Gershberg y Winkler, 2000, citados en Giugale y Webb, 2000, p. 156).

En educación, los gastos municipales están limitados al mantenimiento de las escuelas, algunas construcciones y equipo básico. Los gastos municipales en educación fueron de un modesto 0.01 al 0.03 por ciento del PIB (Producto Interno Bruto) entre 1992 y 1999, mientras que gastos gubernamentales consolidados para la educación fueron en un rango de entre 4.41% y 5.21% del PIB. En el sector salud, los municipios sólo tienen asignada la responsabilidad sobre infraestructura básica en la subvención FAIS que es analizado más adelante (Giugale y Webb, 2000, Tabla 3.1).

La asignación de pocas responsabilidades sobre gastos a los municipios ayuda a compensar por su falta de capacidad administrativa. Una encuesta oficial de municipios en 1995 encontró que, dependiendo del criterio particular, solamente 20 al 40% de todos los 2,400 municipios en México cumplían con los criterios de capacidad administrativa (SEGOB, CEDEMUN e INEGI 1995, citados en Giugale y Webb, p. 169). Las debilidades incluyeron:

- Aunque la gran mayoría de los municipios tienen un tesorero, solamente el 39% tenía un agente especializado que es responsable para supervisar y planear el proceso presupuestario.
- Cerca del 60% de los municipios del país no tenían un sistema de cómputo en 1995; la contabilidad se hacía a mano en la mayoría de los municipios.
- Cerca del 63% de los municipios no tenían regulaciones básicas ni manuales para procedimientos administrativos.
- Cerca del 80% de los municipios no tenían marcos legales ni estatutos para planear el gasto. En estos municipios los documentos del presupuesto eran improvisados y muy elementales.
- En más del 70% de los municipios no tenían las reglas básicas, ni manuales para la recaudación y actualización de los impuestos sobre el patrimonio. De hecho, el Estado administraba el impuesto a la propiedad en la gran mayoría de los municipios.
- Los ciudadanos participaban en programas del gobierno en sólo el 51% de los municipios, casi siempre en trabajos públicos.

FAIS (Fondo de Aportaciones para la Infraestructura Social)

FAIS es la única transferencia federal que explícitamente propone satisfacer las necesidades básicas de los pobres, por lo cual es un elemento crucial que determina el grado en que la descentralización mexicana contribuye a engendrar un proceso del desarrollo incluyente. Esta sección destaca los principales atributos de FAIS. Se hace una evaluación tanto de FAIS como del sistema completo de transferencias usando como referencia los modelos de los Capítulos 3–4.

Beneficiarios

Las leyes federales estipulan que el dinero del FAIS "se destinará exclusivamente al financiamiento de obras, acciones sociales básicas y a inversiones que beneficien directamente a sectores de su población que se encuentren en condiciones de rezago social y pobreza extrema" (LCF, 2005, Artículo 33).

Dos Transferencias de FAIS

La columna 1 de la Tabla 5.1 muestra que la subvención FAIS se subdivide en dos partes, una para el Estado (FAISE, Fondo de Aportaciones para la Infraestructura Social Estatal), y otra para los municipios (FAISM, Fondo de Aportaciones para la Infraestructura Social Municipal).

Los Estados y municipios son generalmente sujetos a las mismas leyes que guían el uso de la subvención FAIS. La diferencia principal entre los dos fondos es que, de acuerdo con el Principio de Correspondencia del Capítulo 4, se usa el fondo FAISM para proyectos limitados a municipios individuales, mientras que se usa el fondo FAISE para proyectos que beneficien a la población de una región más amplia.

Compromiso de Recursos

El Artículo 32 de la Ley de Coordinación Fiscal (LFC) establece que el monto de la transferencia debe ser igual al 2.5% de la Recaudación Federal Participable. La Recaudación Federal Participable incluye los ingresos tributarios, más las cuotas recibidas por el gobierno federal del petróleo y la minería, menos varias otras fuentes de ingreso (Cámara de Diputados, 2005, p. 4). Se designa 88% de los fondos de FAIS para los municipios, y el otro 12% para los Estados.

La columna 3 de la Tabla 5.1, "Cantidad," indica que en 1999, los municipios recibieron 12,245 millones de pesos, y a los Estados se les otorgaron 1,689 millones de pesos. El total de 13,934 millones de pesos fue equivalente al 4.5% de las subvenciones del año, y al 0.30% del PIB del país.

Destino de Fondos

La ley federal establece que los fondos municipales (FAISM) deben ser usados exclusivamente para proveer la siguiente infraestructura básica: "agua potable, alcantarillado, drenaje y letrinas, urbanización municipal (caminos, iluminación en calles, etc.), electrificación rural y de colonias pobres, infraestructura básica de salud, infraestructura básica educativa, mejoramiento de vivienda, caminos rurales, e infraestructura productiva rural" (LFC, 2005, Artículo 33). Se dejan los Estados libres para determinar los proyectos regionales que den mejor servicio a los pobres.

Fórmulas

Se distribuyen los fondos a los Estados y municipios usando una de las siguientes fórmulas. La primera toma en cuenta el ingreso per capita, el nivel de educación, la medida de la casa, y la disponibilidad de drenaje, electricidad y combustible para cocinar (LCF, 2005, Artículo 34, p. 24). Si la carencia de datos hace imposible aplicar la primera fórmula, entonces se puede usar una fórmula más sencilla que tome en cuenta la población empleada que gane menos del doble del salario mínimo, el promedio de analfabetismo, el acceso al drenaje y la luz (LCF, Artículo 35).

Redistribución

La columna 6 de la tabla, "Naturaleza de Asignación," indica que los dos fondos FAIS son los únicos fondos que son "compensatorios," significando que el tamaño de la subvención "compensa" al nivel de la pobreza. Puesto que las subvenciones son inversamente relacionadas a la pobreza tienden a redistribuir el ingreso desde los no pobres hacia los pobres.

Participación

El Artículo 33 de la LCF estipula que los Estados y municipios deben "promover la participación de las comunidades beneficiarias en su destino, aplicación y vigilancia, así como en la programación, ejecución, control, seguimiento y evaluación de las obras y acciones que se vayan a realizar." En pocas palabras, se requiere que los gobiernos estatales promuevan la plena participación de los ciudadanos en cada fase de suministrar la infraestructura básica.

El mismo Artículo 33 de la LCF facilita la participación de ciudadanos en el monitoreo, estipulando que Estados y municipios informen a sus habitantes de las cantidades de dinero que ellos reciben, de los proyectos financiados por ese dinero, el costo de cada proyecto, su ubicación y objetivo, los beneficiarios y resultados. La misma información también deberá ser proporcionada a los Estados y a través de ellos a la Secretaría de Desarrollo Social (SEDESOL) de la nación.

Planeación

El proceso de suministrar una infraestructura básica empieza con el gobierno municipal que, junto con los ciudadanos, identifica y da prioridad a sus necesidades y diseña un plan para satisfacerlas. Una entrevista con el alcalde de Naucalpan indicó que los proyectos en su municipio eran determinados por un proceso de dos etapas. Primero, reuniones comunitarias son llevadas a cabo para identificar y dar prioridad a necesidades. Segundo, el departamento de planeación del municipio conduce un análisis para maximizar el impacto del proyecto: "Si una sola familia vive en una calle, y veinte familias viven en otra, vamos a pavimentar la calle con más familias primero" (Marín, 2003).

Los planes municipales son coordinados con los planes nacional y estatal mediante la agencia estatal de planeación, COPLADE (Comité de Planeación para el Desarrollo Estatal). Las responsabilidades formales de COPLADE incluyen la formulación y actualización del plan de desarrollo del Estado, la coordinación de planes federales, estatales y locales, así como ejecutar y evaluar los planes estatales (Giugale y Webb, 2000, p. 167). El Congreso del Estado debe aprobar los presupuestos para todos los municipios y para el gobierno del Estado.

Nivel de Descentralización

La característica distintiva de la descentralización mexicana se encuentra en la asignación de tres elementos para suministrar bienes y servicios públicos: (1) Regulación o normas de diseño, (2) financiamiento e (3) implementación. En México, el gobierno central domina los primeros dos aspectos, mientras que los Estados, y en grado menor los municipios, dominan el aspecto tercero.

Consecuentemente, la descentralización de México es quizá mejor catalogada como "delegación." Se tiene delegación *política* porque los gobiernos estatales y municipales son electos localmente, pero son parcialmente responsables ante el centro, que es el que establece las normas para suministrar esos servicios públicos. Se da una delegación *fiscal* porque la mayoría de los fondos estatales y municipales vienen del centro, pero los gobiernos estatales tienen cierta autoridad sobre la asignación de los recursos. Se tiene delegación *administrativa* porque los gobiernos nacionales y estatales comparten responsabilidades en la planeación y gastos, así como el control del personal que implementa los programas.

EVALUACIÓN

El propósito de este apartado es evaluar la capacidad del programa de descentralización de México para satisfacer las necesidades básicas de los pobres en un corto tiempo. Se usan los modelos de los capítulos 3 y 4 para identificar las principales fortalezas y debilidades del programa. Esto nos ayuda determinar las circunstancias bajo las cuales el estilo de descentralización de México es apropiado y digno de imitación por otros políticos.

Capacidad para Redistribución

Es cierto que una gran fortaleza del proceso de la descentralización mexicana es que hace posible la redistribución de ingresos que es necesaria para satisfacer las necesidades básicas de los pobres en un corto período de tiempo. Esto es especialmente importante en el contexto de desigualdad extrema que caracteriza Latinoamérica. Se señaló en el Capítulo 3 que los gobiernos centrales son más capaces de redistribuir los ingresos porque los ciudadanos son menos capaces de debilitar la redistribución centralizada a través de la migración.

El gobierno central puede redistribuir ingresos a través tanto de impuestos como gastos progresivos; es decir a través de impuestos que recaen relativamente sobre los no pobres y de gastos que beneficien principalmente a los pobres. Puesto que el gobierno central de México colecta la mayor parte de los impuestos y establece las directrices para muchos gastos, el país tiene una oportunidad excelente para redistribuir ingresos. Una vez más esto es sumamente importante para un país caracterizado por pobreza y desigualdad extrema.

Si el gobierno central aprovecha la oportunidad, el sistema tributario y los gastos gubernamentales beneficiarán a los pobres. Las indicaciones preliminares son que el sistema tributario de México no es progresivo. En 1995, el gobierno central recibió 26.6% de las recaudaciones desde los impuestos progresivos o "directos" tales como es el impuesto sobre la renta de personas. En contraste, recibió el gobierno 33.9% de las recaudaciones de impuestos regresivos o "indirectos" tales como el IVA (Impuesto sobre Valor Agregado) (IDB, 1996, Tablas C-8 y C-9, pp. 373–374). Como la mayor recaudación de impuestos proviene de impuestos regresivos, da la apariencia de que el sistema tributario es en conjunto regresivo.

Un estudio reciente de la incidencia de los gastos gubernamentales encontró que los gastos mexicanos para la salud y la educación son ligeramente progresivos en la cual ellos bajaron el Coeficiente de Gini desde 0.54 a 0.48 (Scott, 2002, Tabla 6.1, p. 34). Sin embargo, comparado a otros siete países latinoamericanos en el estudio, los esfuerzos del gobierno mexicano para redistribuir ingresos y gastos, así como su eficiencia en dirigir los gastos hacia los pobres, son catalogados como "bajos" (Scott, 2002, Tabla 6.4, p. 38).

Por lo tanto, parece que el gobierno central de México no está aprovechando activamente su oportunidad de redistribuir los ingresos para satisfacer las necesidades básicas de los pobres. Sin embargo la estructura del programa mexicano de descentralización proporciona una gran oportunidad para ello. Así pues, aprovechar la oportunidad será un desafío continuo para los políticos.

Planeación

Los objetivos del FAIS están claros y apropiados para satisfacer las necesidades de infraestructura de los muy pobres. Sin embargo, el sistema de subvenciones en su totalidad no refleja un plan comprensivo y coherente para satisfacer todas las necesidades básicas de los pobres en un corto tiempo. Un problema es que el sistema no vincula la infraestructura básica proporcionada por FAIS con otros bienes y servicios básicos tales como la nutrición, salud y educación.

Esta falta de vinculación de la infraestructura con otros bienes y servicios básicos puede socavar rápidamente la efectividad del programa de satisfacer necesidades básicas. Si, por ejemplo, el suministro de agua no es mejorado, las clínicas de salud pueden encontrar gente regresando una y otra vez después de recibir tratamiento ya que están bebiendo agua contaminada. Se deben vincular y entregar ambos servicios como un paquete. En general se necesita un plan comprensivo y coherente que vincule y entregue todos los bienes y servicios básicos.

La manera de determinar el tamaño de la subvención FAIS parece revelar una falta de planeación y compromiso para satisfacer las necesidades básicas de los pobres en un corto tiempo. El tamaño de la subvención es 2.5% de la "recaudación federal participante," no la cantidad de dinero estimada como necesaria para alcanzar el objetivo de eliminar la pobreza. En lugar de desarrollar un plan comprensivo y coherente y de implementarlo, parece que el gobierno esté diciendo: "la infraestructura es un problema serio. Gastemos algún dinero para solucionarlo." Varias subvenciones contribuyen a satisfacer las necesidades de los pobres en relación con la infraestructura básica, pero siempre se da de manera imprecisa y no coordinada. Por ejemplo, la subvención FAEB paga una parte de las nóminas de profesores en educación básica, y así ayuda hasta cierto punto a educar a los pobres. Igualmente, la subvención FASS paga una parte de los salarios de médicos y enfermeras. Pero estas subvenciones sirven tanto a los pobres como a los no pobres. ¿Hasta qué punto ayudan a los pobres? ¿Estarán vinculadas y programadas con otros bienes y servicios básicos?

Otra indicación de la falta de planeación es que el sistema de subvenciones asigna responsabilidades concurrentes para bienes y servicios básicos sin una clara definición de responsabilidades específicas. Por ejemplo, en el caso de la educación, tanto el gobierno estatal como el municipal asumen responsabilidades sobre el mantenimiento de escuelas pero éstas no están bien identificadas. Esto hace que nadie tome la responsabilidad adecuada para el mantenimiento (Giugale y Webb, 2000, pp. 12, 15). Por ejemplo el Estado argumenta que una necesidad particular es responsabilidad de los municipios, mientras que los municipios dicen que la responsabilidad es del Estado. Una encuesta realizada en 1995 encontró que las escuelas primarias en 55% de los municipios del país estaban en necesidad urgente de reparación y mantenimiento. Las escuelas secundarias estaban en condiciones semejantes en 41% de los municipios (SEGOB, CEDEMUN y el INEGI 1995; citados en Giugale y Webb, 2000, p. 148).

En lugar de implementar un plan coherente para satisfacer necesidades básicas, el sistema parece ser más una mezcolanza de subvenciones que fueron instituidas paulatinamente de forma poco sistemática. Las Participaciones fueron instituidas para pagar funciones específicas que los Estados ya llevaron a cabo, pero que eran incapaces de financiarlas adecuadamente. Las Aportaciones fueron originalmente otorgadas para pagar los bienes y servicios, cuya administración había sido descentralizada. En lugar de implementar un plan comprensivo, las subvenciones reflejaban decisiones aisladas y desconectadas para pagar uno u otro servicio.

El presidente de un periódico de la Ciudad de México, *Zona Norte*, comentó que el problema con el gasto social en México es que no refleja un plan para alcanzar una meta específica. La cantidad de gasto social es determinada más por "lo que queda después de pagar todo lo demás, que por los requerimientos de un plan para satisfacer las necesidades básicas en un corto período de tiempo. Esto es porque el problema de la pobreza permanece sin resolverse en México" (López Barroso, 2004).

Impuestos Separados de Gastos

La descentralización del sistema mexicano es propicia para la redistribución del ingreso. Una consecuencia necesaria es que los impuestos no están claramente relacionados con el gasto. Como resultado, el gasto del gobierno no está limitado por los ingresos de los ciudadanos, ni por su buena voluntad para pagar impuestos. Los bienes y servicios parecen gratis y los ciudadanos tienden a consumir todo lo que pueden. Esto puede causar un sobre-consumo en el sentido de que los costos de suministrar bienes y servicios excedan los beneficios.

Lo que se necesita es un balance entre la necesidad de redistribuir los ingresos y la eficiencia de relacionar claramente los impuestos con los gastos gubernamentales. La posible ineficiencia del sobre-consumo debe ser comparada con la eficiencia de la incorporación más rápida y completa de los pobres en el proceso de producción. Hasta ahora, los presupuestos para las necesidades básicas son tan limitados, y las ventajas de utilizar más eficientemente a los recursos humanos son tan grandes que parecería que el balance se inclinara a favor del método mexicano de centralizar la tributación.

FAIS

El FAIS está tan bien estructurado que ha tenido el potencial para satisfacer las necesidades básicas de los pobres en un corto período de tiempo. El Pacto de FAIS define claramente el objetivo de proveer una infraestructura básica para los pobres, y también define claramente lo que significa el término infraestructura básica (agua, etc.). El programa promueve la Voz y el Poder de Cliente ya que requiere que los gobiernos estatales promuevan la participación de los Ciudadanos en todas las fases del suministro de infraestructura básica desde la planeación hasta el monitoreo. Las fórmulas de asignación dirigen recursos a los pobres, reducen corrupción, el control por las elites, y proporcionan información que facilita el monitoreo. Los planes de desarrollo municipal son coordinados entre los gobiernos estatales y federal. La subvención redistribuye el ingreso desde los no pobres hacia los pobres, la administración se descentraliza, y así se hace posible servir a las necesidades de cada jurisdicción.

A pesar de las fortalezas impresionantes, el FAIS tiene varias debilidades. Además de la falta de planeación descrita anteriormente, la subvención parece sufrir de fondos insuficientes. Una indicación de esto es el propósito de ayudar solamente los "socialmente marginados y extremadamente pobres." Esta limitación sobre los beneficiarios del financiamiento parece excluir a mucha gente que está cerca del límite de pobreza que está en gran necesidad de infraestructura básica.

Como se mencionó anteriormente, más de 21 millones de mexicanos viven con menos de $2 USD al día, y muchos más viven con graves necesidades. Un recorrido a través de Chimalhuacan, un municipio de bajos ingresos contiguo a la Ciudad de México, y una entrevista con una familia indigente que sobrevive buscando cosas que se pueden vender en los depósitos de basura, nos muestran en una manera que las estadísticas no pueden mostrar que México tiene un largo camino por recorrer antes de que se proporcione a toda la gente una oportunidad para lograr un estándar de vida decente. El municipio depende de camiones para suministrar agua. Casi no tiene caminos pavimentados, y su drenaje se descarga en una zanja con mal olor, en la cual la gente lava su ropa. ¿Qué tanto tiempo tomará el FAIS para satisfacer las necesidades de infraestructura de Chimalhuacan y de los otros 2,424 municipios de México?

CONCLUSIÓN

En el mundo ideal, el nivel óptimo de descentralización es la "devolución" en la cual el gobierno central devuelve a los niveles bajos de gobierno la autoridad y los medios para proporcionar los bienes y servicios básicos cuyos beneficios corresponden a sus respectivas jurisdicciones. A causa de una distribución de ingresos que maximiza el bienestar social, cada nivel de gobierno tributa y gasta según las demandas de los Ciudadanos. La Voz, el Poder del Cliente y el Pacto son fuertes. Todos los niveles de gobierno tienen la capacidad administrativa para cumplir sus responsabilidades.

El mundo real no es ideal. En México y el resto de Latinoamérica, la pobreza y la desigualdad son extremas. La Voz y el Poder del Cliente son débiles o no existen. Les faltan a los Pactos planeación y financiación suficientes. Con frecuencia la capacidad administrativa tiene carencias. La pregunta desafiante para la descentralización es: ¿A dónde vamos desde aquí?

México ha iniciado un proceso de descentralización que contribuye a la satisfacción de las necesidades básicas de los pobres en corto tiempo. Tal vez el aspecto más fuerte del proceso es su potencial para redistribuir suficientemente el ingreso para satisfacer las necesidades básicas rápidamente y para generar un proceso de desarrollo inclusivo. El potencial para la redistribución no ha sido explotado activamente, pero sí existe.

La parte más débil de la descentralización mexicana es la carencia de un plan comprensivo y coherente para satisfacer las necesidades básicas de los pobres en un tiempo corto. En lugar de estar basado sobre un plan comprensivo, el proceso de descentralización fue construido de una manera poco sistemática. Satisfacer las necesidades básicas es más una idea del último momento en el proceso de descentralización que un objetivo central. Es una concesión y una adición más que una parte integral del plan de desarrollo.

El FAIS es un buen programa que está bien establecido. Quizá el siguiente paso en la evolución del proceso de descentralización en México deberá ser ampliar el FAIS. Otros bienes y servicios básicos, que son necesarios para mejorar la productividad de los pobres deberán ser incluidos en el programa. Esto puede llevarse a cabo mediante la coordinación con otros programas tales como OPORTUNIDADES (Capítulo 6), o por consolidación de otros programas con el FAIS. Así pues, el compromiso financiero para satisfacer las necesidades básicas deberá ser aumentado. La redistribución de ingresos asociada con la subvención debe ser fortalecida por medio de imponer impuestos más progresivos y de incrementar el tamaño del fondo. La ampliación del FAIS requerirá no solamente que el gobierno federal "tome más en serio" la planeación y el financiamiento, pero también que la capacidad administrativa de los municipios (y, en menor grado de los Estados) sea desarrollada.

NOTAS

1. Las principales fuentes de ingresos tributarios para los Estados son el impuesto sobre la renta, impuestos anuales sobre automóviles y cuotas (Giugale y Webb, 2000, p. 16). Las principales fuentes de ingresos tributarios para los municipios son el impuesto sobre el patrimonio y sobre el agua. (Giugale y Webb, 2000, p. 17).
2. El principio original de "derivación" estipuló que ningún Estado podía recibir por las Participaciones menos ingresos de los que antes recibía previo al sistema de coparticipación en los ingresos (Giugale y Webb, 2000, p. 2008).

CAPÍTULO 6

OPORTUNIDADES PARA EDUCACIÓN, SALUD Y NUTRICIÓN[1]

El costo de vivir, los salarios bajos y la falta de trabajo.
También no tener medicina, comida y ropa. Eso es el problema.
—persona pobre de Brasil (1995)

INTRODUCCIÓN

En 1997, México introdujo un nuevo programa para satisfacer las necesidades básicas que se ha encontrado ser efectivo. El programa, llamado OPORTUNIDADES (originalmente *PROGRESA*), entrega un paquete de beneficios que incluyen la educación, salud y nutrición básicas. Los beneficiarios son familias de áreas rurales que sufren extrema pobreza.

A finales de 1999, OPORTUNIDADES beneficiaba aproximadamente 2.6 millones de familias o cerca del 40% de todas las familias rurales. En ese año, el programa operaba en casi 50,000 localidades, en más de 2,000 municipios y en 31 Estados. El presupuesto de OPORTUNIDADES era de aproximadamente $777 millones en 1999, ó del 0.2% del Producto Interno Bruto (PIB) de México (Skoufias, 2001, p. iii).

Una evaluación extensiva del programa por el IFPRI (International Food Policy Research Institute) concluyó que el programa mejora

Descentralización Para Satisfacer Necesidades Básicas, páginas 77–90
Desechor reservados respicto a cualquier forma de reproducción
© 2009 por Information Age Publishing

significativamente la educación, salud y nutrición de los que sufren pobreza extrema a un costo relativamente bajo. Como resultado, Brasil y otros países por toda Latinoamérica están imitando el programa.

Los objetivos declarados del programa son mejorar la inscripción, asistencia y ejecución educacionales (Skoufias, 2001, p. 3). El medio de alcanzar los objetivos es motivar a las familias extremadamente pobres de áreas rurales a invertir en la educación, salud y nutrición.

El propósito de este capítulo es sacar lecciones del programa OPORTUNIDADES para que se pueda usarlas para diseñar otros programas de descentralización que satisfagan las necesidades básicas de los pobres. En el primer apartado del capítulo se describe el programa. En el segundo se lo evalúa en la luz del modelo de descentralización de los capítulos 3–4. El capítulo concluye con algunas recomendaciones para los políticos.

PROGRAMA OPORTUNIDADES

Selección de Beneficiarios

OPORTUNIDADES está dirigida a la gente de áreas rurales que vive en extrema pobreza. La selección de beneficiarios toma lugar a través de un proceso de tres etapas. En la primera etapa se identifican localidades rurales en donde sea más probable que se encuentren concentraciones de personas en extrema pobreza. Las áreas son identificadas usando un "índice de marginación" que fue construido especialmente para el programa y que fue basado principalmente en datos de pobreza del censo nacional. Consideraciones adicionales incluyen el tamaño de la localidad (las localidades con menos de 50, o más de 2,500, habitantes son excluidas), y acceso a infraestructura tal como una escuela primaria, una escuela secundaria y una clínica de salud (Skoufias, 2001, p. 42). En casos específicos, algunas zonas pequeñas de extrema pobreza están identificadas dentro de localidades más amplias que tienen en general un nivel bajo de marginación.

La segunda etapa involucra la identificación de familias dentro de las localidades elegidas. La selección de las familias que serán beneficiadas está basada en un análisis de extensa información socioeconómica acerca de cada familia en la seleccionada comunidad marginada. Se obtiene esta información a través de una encuesta de familias diseñada para este propósito.

Después de haber recogido la información socioeconómica a través de la encuesta, se hace una primera aproximación a las familias que viven en extrema pobreza usando el ingreso familiar y una línea de pobreza. Los ingresos obtenidos por todas los miembros de familia mayores de 15 años son comparados a una línea de pobreza determinada por el costo de la canasta básica de alimentos que satisface los requisitos mínimos para prevenir desnutrición, enfermedades y deficiencias antropométricas. Un factor de expansión es aplicado a este costo para tomar en cuenta los irreducibles gastos para artículos no alimenticios. Por fin, se ajusta esta línea de extrema pobreza de acuerdo con inflación usando el Índice Nacional de Precios al Consumidor publicado por el Banco de México (Skoufias et al., 1999, p. 38).

Una segunda clasificación es llevada a cabo usando otros indicadores socioeconómicos derivados de la encuesta familiar. El propósito es construir una aproximación multidimensional sobre la condición de pobreza. Se utiliza un "análisis discriminante," mediante el cual es posible clasificar a una familia como "en extrema pobreza" o "no en extrema pobreza" (Skoufias et al., 1999, p. 38).

En la tercera etapa se presenta la lista de beneficiarios potenciales en asambleas comunitarias para revisión y discusión. Se modifica la lista de acuerdo a los criterios establecidos por la selección de familias beneficiarias. Según se informa, se hacen pocas modificaciones en esta etapa.

Beneficios y Requisitos de la Educación

El componente de la educación de OPORTUNIDADES provee becas monetarias a niños en extrema pobreza de localidades rurales marginadas entre las edades de 7 a 17. Para recibir los apoyos es necesario que los niños se inscriben en la escuela y que se mantiene un record de asistencia de al menos un 85% tanto mensual como anual. Las becas proporcionan una nueva oportunidad para que los niños en extrema pobreza asistan a la escuela por hacer más asequible la educación para las familias que tienen dificultades en pagar no sólo los costos directos de la educación sino también los costos indirectos de perder las ganancias de los niños mientras que están en la escuela.

La Tabla 6.1 enlista las becas para la educación en 1997, el primer año del programa. Los beneficios son ajustados cada seis meses para tomar en cuenta la inflación. Las becas aumentan con el nivel educativo, presumiblemente para tomar en cuenta el incremento normal de las ganancias de los niños trabajadores al crecer.

Los jóvenes mexicanos típicamente mantienen una tasa alta de inscripción cercana al 93% en la escuela primaria (grados 1–6). Sin embargo, para los niños rurales pobres, la educación por lo regular se suspende a ese nivel. El objetivo más crítico del programa educativo es incrementar la transición de estudiantes rurales y pobres hacia la escuela secundaria. Para lograr este objetivo, se incrementan sustancialmente las becas educacionales para

TABLA 6.1 Beneficios Educacionales de OPORTUNIDADES, 1997 (Pesos/Mes)

Becas de Educación	Niños	Niñas
Escuela Primaria		
Grado 3	60	60
Grado 4	70	70
Grado 5	90	90
Grado 6	120	120
Materiales (por año)	110	110
Escuela Secundaria		
Grado 7	175	185
Grado 8	185	205
Grado 9	195	225
Materiales (por año)	140	140

Fuentes: Coady 2001, Skoufias 2000, Skoufias PowerPoint.

el primer año de escuela secundaria. Las becas a las mujeres en escuela secundaria son mayores que aquellas dadas a los varones para contrarrestar la predisposición cultural contra la educación de mujeres, y porque las mujeres juegan un papel crítico en la administración de las familias.

Beneficios y Requerimientos de la Salud y Nutrición

La Tabla 6.2 enlista seis componentes interrelacionados de los beneficios de salud y nutrición. El programa pone énfasis en el cuidado preventivo de salud como es evidente en las visitas de revisión médica, ayuda para nutrición, y educación para la salud y nutrición. El enfoque general está en mejorar el estado de salud y nutrición de todos los miembros de la familia, haciendo énfasis en el bienestar de las madres y los niños.

Atención de Salud

Un ingrediente crucial de cuidados preventivos de salud es requerir visitas regulares a centros de salud como una condición para recibir beneficios. Se establece un horario de visitas para cada familia, y las familias tienen que cumplirlo para permanecer elegibles para los beneficios del programa. El horario será confirmado por el doctor o la enfermera de la clínica. La Tabla 6.3 enlista los horarios de visita.

Los centros de salud proveen una amplia gama de servicios básicos para prevenir enfermedades o para tratar enfermedades descubiertas durante

TABLA 6.2 Beneficios de Salud y Nutrición

Visitas de Revisión a Centros de Salud
Servicios de Salud
Mejoras en los Suministros de Servicios de Salud
Subvenciones Alimenticios
Suplementos Nutricionales
Educación sobre Salud y Nutrición

TABLA 6.3 Frecuencia de Visitas de Salud

Grupo de edad	Frecuencia anual
Niños	
Recién nacidos a un año de edad	7 revisiones: 7 y 28 días; 2, 4, 6, 9 y 12 meses
Uno a dos años	4 revisiones: uno cada tres meses
Tres a cinco años	3 revisiones: uno cada cuatro meses
Seis a once años	2 revisiones: uno cada seis meses
Mujeres	
En edad fértil	4 revisiones: una cada tres meses
Embarazadas	5 revisiones: durante el período prenatal
Durante el parto y lactancia	2: revisiones: inmediato al parto y durante la lactancia
Adultos	1 revisión cada 12 meses

Fuentes: Coady 2001 y Skoufias 2000

las visitas. Los servicios incluyen vacunas, tratamientos contra parásitos, tratamiento para infecciones respiratorias, control de tuberculosis, control de alta presión arterial y diabetes melitas, primeros auxilios por lesiones, tratamientos para la diarrea, supervisión del crecimiento de los niños, etc.

Para aumentar la oferta de servicios de salud, recursos adicionales serán dedicados a: (1) asegurar un suministro adecuado de equipo para las clínicas; (2) motivar al personal de trabajo en áreas rurales remotas para permanecer ahí de tiempo completo; (3) asegurar que las clínicas tengan las medicinas y los materiales necesarios; (4) proporcionar entrenamiento adicional para mejorar la calidad de atención médica y la dimensión operacional del servicio.

Nutrición

Una transferencia monetaria para la compra de alimentos es otorgada a cada familia participante. En 1997, la transferencia fue de 90 pesos al mes; la cantidad es regularmente ajustada por inflación. Adicionalmente se proporcionan suplementos alimenticios a mujeres embarazadas y en lactancia, y a niños que estén entre los cuatro meses y dos años de edad. Los suplementos también se dan a niños entre los dos y cinco años de edad si presentan algunos signos de malnutrición, y a familias en circunstancias similares aunque no estén en OPORTUNIDADES.

Dos suplementos alimenticios diferentes son formulados específicamente para el programa: uno, para mujeres embarazadas o en lactancia, y el otro para infantes. Los suplementos son preparados en una planta de producción dedicada exclusivamente a esta tarea, y después son distribuidos a los centros de salud. Por cada miembro del hogar seleccionado para un suplemento nutricional, las madres lo recogerán cada mes en los centros de salud.

Educación en Salud y Nutrición

Otro elemento crucial de cuidados preventivos de salud es la educación en salud y nutrición. Los participantes del programa son requeridos a atender pláticas educativas sobre nutrición y salud como otra condición para recibir los beneficios. Se tratan veinticinco temas en las pláticas que están dirigidas directamente a la prevención y reconocimiento de enfermedades, y a enseñar procedimientos de primeros auxilios. Los temas incluyen sanidad en el nivel familiar, planeación familiar, cuidado prenatal y pos-parto, prevención de diarreas, prevención de accidentes y entrenamientos a la comunidad de auto-ayuda para el cuidado de la salud. Los participantes también son entrenados en el uso de los suplementos nutricionales que les son proporcionados por el programa, así como orientaciones sobre la alimentación óptima para infantes.

IMPACTO

Educación

Las investigaciones del IFPRI concluyen que el principal impacto de OPORTUNIDADES en la educación es haber incrementado la inscripción en escuelas secundarias a más del 20% para niñas y 10% para niños. Mucho del impacto positivo sobre la inscripción es debido al incremento de tasas de continuación en las escuelas más que al persuadir a niños que habían abandonado los estudios a regresar a la escuela.

Salud

El componente de salud claramente tiene un impacto significativo. Los niños de 0–5 años de edad tienen una incidencia de enfermedades 12%

más bajo que la de los niños que no participan en OPORTUNIDADES. El beneficiario medio tiene una disminución de 17% en el número de días en el cual el o ella está incapacitado por enfermedad (Skoufias, 2001, p. 60). OPORTUNIDADES incrementó el número de visitas iniciales a clínicas de salud por mujeres embarazadas por cerca de 8%, y esto está dando un progreso significativo a la salud de bebés y de madres embarazadas.

Nutrición

El nivel promedio de consumo (incluida tanto la compra como el consumo de su propia producción) se incrementó aproximadamente por el 14.5% (Hoddinott et al; 2000, citado en Skoutias, 2001, p. 65). En Noviembre de 1999, el gasto medio en alimentos fue 10.6% mayor en familias en OPORTUNIDADES al compararse con otras familias de control. El incremento del consumo familiar consistió en gran parte de más gastos en frutas, verduras, carnes y productos animales.

En 1998, los resultados de encuestas indicaban que el 44% de los niños entre 12 y 36 meses de edad en las regiones de OPORTUNIDADES estuvieron atrofiados (baja estatura para su edad). La atrofia está generalmente percibida tener un sustancial y persistente impacto en el desarrollo físico y mental de los niños y en su estado de salud como adultos (Skoufias, 2001, p. 59). Los niños que reciben tratamiento durante estos meses de edad experimentan, en promedio, un incremento del 16% en su crecimiento cada año. El impacto de sólo los suplementos nutricionales podría causar un incremento de un 2.9% de ganancias durante toda la vida (Behrman y Hoddinott, 2000, citado en Skoufias, 2001, p. 63).

Además, es probable que hayan otros efectos mediante mejoramientos del desarrollo cognoscitivo, de la escolaridad, y de cumplir dados niveles de estudios en menores edades por comenzar más jóvenes y por tasas más altas de aprobaciones. Ya que los suplementos nutricionales constituyen solamente una pequeña fracción de los costos del programa, es probable que la razón costo-beneficio sea alta.

Pobreza

OPORTUNIDADES ha tenido un inmediato impacto de corto plazo sobre la pobreza a través de las subvenciones monetarias y otros apoyos. El IFPRI estima que los apoyos del programa han reducido la pobreza cerca del 10% (Skoufias, 2001, p. 44). El intervalo de pobreza (la diferencia promedia entre el ingreso actual y la línea de pobreza) se ha reducido en un 30%, y las mayores reducciones en pobreza están alcanzadas por los más pobres de los pobres.

Sin embargo, el impacto principal de OPORTUNIDADES tiende a ser a largo plazo como niños con más educación y salud entren la mano de obra como trabajadores más productivos. El IFPRI estima que sólo el incremento de los años de escolaridad generará un aumento de los ingresos permanentes del 8% (Skoufias, 2001, p. 53). El impacto de los suplementos alimenticios que se describen más adelante podría causar otro 2.9% de incremento en las ganancias de toda la vida (Behrman y Hoddinott, 2000, citada en Skoufias, 2001, p. 63).

EVALUACIÓN

El programa OPORTUNIDADES crea un avance significativo en la planificación e implementación de programas para necesidades básicas. Sin embargo, el programa tiene algunas debilidades. Este apartado usa el Modelo Descentralización desarrollado en los capítulos 3–4 para identificar y discutir las fortalezas y debilidades del programa. Consideremos en torno cada elemento del modelo.

Nivel de Descentralización

OPORTUNIDADES es un ejemplo de "Desconcentración." La planificación y las finanzas están centralizadas, y se entregan los bienes y servicios básicos por medio de oficinas desconcentradas del gobierno central.

Objetivo

El programa tiene un objetivo que está claramente definido: mejorar la educación, salud y nutrición de los pobres que viven en áreas rurales. Estos bienes y servicios básicos son cruciales para aumentar la productividad de los pobres, y para hacer posible que ellos contribuyan al proceso de desarrollo y disfruten de sus beneficios. Además, algunas de las personas más necesitadas viven en áreas rurales. Unas limitaciones de este objetivo son que ignora otros bienes y servicios importantes, tales como caminos y agua potable, y no delimita el tiempo dentro del cual las necesidades básicas serán satisfechas.

Beneficiarios

Los beneficios de OPORTUNIDADES son dirigidos loablemente a personas que viven en pobreza extrema. México define el término "extrema pobreza" más generosamente que el Banco Mundial. Según el Banco Mundial, una persona vive en "extrema pobreza" si gana menos de $1 USD por día (PPA, Paridad de Poder Adquisitivo 1985). Esta es la cantidad de dinero que se estima necesaria para comprar sólo la cantidad de comida necesaria para sobrevivir (Natziger, 1997, p. 127). La definición mexicana de "extrema pobreza" permite la compra no sólo de comida sino también de algunas otras mercancías.

Los autores del programa han ideado un método sofisticado para dirigir los beneficios a los más pobres. El sistema consiste de utilizar datos de los censos para identificar áreas marginadas, usar una encuesta familiar para identificar a los pobres dentro de estas áreas, y entonces finalizar una lista preliminar de beneficiarios en asamblea comunitaria. Sofisticadas técnicas de estadística son utilizadas en las primeras dos etapas del proceso.

A pesar de esta sofisticación, el método de seleccionar familias indudablemente omite a muchas familias en extrema pobreza. Una condición de ser beneficiario es que la familia deberá vivir en localidades con más de 50, y menos de 2,500, habitantes. Otra es que la localidad deberá tener acceso a clínicas de salud y escuelas. Se mide la accesibilidad en términos de acceso a los caminos. Parece cierto que muchas familias pobres viven en localidades que caen fuera de los límites de población, y en localidades que no pasan la prueba de accesos a infraestructura de apoyo. Otras personas en extrema pobreza viven en áreas clasificadas como no pobres.

Otro grupo en extrema pobreza que es excluido de recibir los beneficios del programa es los pobres de las áreas urbanas. Morley encontró que desde 1989 más del 50% de los pobres latinoamericanos viven en áreas urbanas. La línea de pobreza usada por Morley es $2 USD al día, una línea que se aproxima a la definición de "extrema pobreza" usada por OPORTUNIDADES. De acuerdo a la información de Morley, 43% de los "pobres" de México vivían en áreas urbanas en 1989 (Morley, 1995, pp. 36–41). La SEDESOL (Secretaría de Desarrollo Social) de México recientemente encontró que más de la mitad de los pobres de México viven en áreas urbanas. El gobierno intenta tomar en cuenta este cambio demográfico por expandir la cobertura del programa para incluir a 5 millones de familias que viven en las áreas urbanas más grandes de México (Mexican Economic Report, 2005, p. 3).

Por último, seríamos negligentes si fracasamos en mencionar el gran número de gente que queda fuera de la definición de "extrema pobreza" del programa, pero que continúa viviendo en situaciones desesperadas.

¿Cuánta gente está viviendo con menos de $3, $4 o $5 USD al día? La tarea de incorporar adecuadamente a todos los necesitados dentro del proceso de desarrollo es inmensa. Se hizo notar en la introducción que México ha dedicado recursos sustanciales al programa OPORTUNIDADES. Las severas limitaciones en calificar para los beneficios del programa muestran que, para satisfacer las necesidades básicas de todos los necesitados, será necesario multiplicar los recursos dedicados a OPORTUNIDADES.

Una ventaja de la técnica de dirigir beneficios a los más pobres es la relación costo-rendimiento. Sería bastante costoso identificar a cada individuo pobre en el país que satisface los requisitos de acceso a los beneficios del programa. Además, se supera parcialmente los severos criterios de dar derecho a los beneficios por una cláusula que permite que el programa ayude a familias en extrema pobreza que no están en las especificadas "áreas marginadas" si por casualidad se las descubran.

Pacto: Sectores

Los sectores tratados por OPORTUNIDADES son servicios necesarios para un programa antipobreza efectivo. Muchas evidencias empíricas apoyan la efectividad de la educación en incrementar ingresos. El estudio clásico que está citado en el Capítulo 2 concluye que el promedio de la tasa de retorno de la educación primaria en Latinoamérica y el Caribe fue del 18% (Psacharopoulos, 1994, Tabla 1, p. 1328). La salud y nutrición son obviamente necesarias para aprender y hacerse productivo.

OPORTUNIDADES hace muy bien en que el programa vincula tres bienes y servicios importantes cuyos beneficios están interrelacionados. Antes de OPORTUNIDADES, la intervención del gobierno en educación, salud y nutrición consistía de varios programas desvinculados con poca consideración del potencial sinérgico que puede resultar de una mejor coordinación e intervención simultánea (Skoufias, 2001, p. 8). Si no están vinculados los tres servicios, una carencia en nutrición podría debilitar los programas de salud. Una carencia en salud podría debilitar los programas de nutrición. Una carencia en salud o nutrición podría debilitar los programas de educación. No cabe duda que la combinación de los tres elementos incrementa la eficacia y disminuye los costos de los esfuerzos antipobreza.

Los beneficios de educación y salud están cuidadosamente designados para maximizar su efectividad. El estipendio para asistencia escolar que se incrementa con la edad del estudiante toma en cuenta los crecientes costos de oportunidad de ingresos perdidos. El patrón de la beca también combate la influencia cultural contra la educación de las niñas y la inclinación a abandonar los estudios después del sexto grado. El estipendio incluye dinero para útiles escolares. Más importante, el proveer apoyo para la educación en la forma de ayuda monetaria a los estudiantes, no impide el descentralizar el suministro de educación al nivel local. El programa de salud consiste de un paquete de servicios que prometen hacer efectivo OPORTUNIDADES incluyendo un plan de visitas regulares diseñado cuidadosamente y una amplia gama de servicios de salud. El programa de nutrición incluye no solamente una beca monetaria, pero también suplementos nutricionales. El programa se completa a través de educación para la salud y nutrición.

Además de diseñar cuidadosamente el paquete de beneficios, se toman medidas para asegurarse que los beneficiarios tomen plena ventaja de ellos. Para permanecer en el programa los estudiantes tienen que mantener un 85% de asistencia, las familias tienen que hacer visitas regulares a la clínica de salud, y tienen que asistir a las pláticas de salud preventiva. En conjunto, el diseño del programa es excelente.

Se deja el suministrar los otros bienes y servicios básicos que son necesarios para mejorar la productividad a otros programas, tal como FAIS (Capítulo 5). El Director de OPORTUNIDADES en el Estado de Coahuila fue cuestionado de que si el programa estaba coordinado con otros. La respuesta fue: "No" (Ramírez Hernández, 2004). Una vez más, México carece de un global y exhaustivo plan para satisfacer todas las necesidades básicas que aumentan la productividad de los pobres dentro de un período corto de tiempo.

La educación, salud y nutrición, son bienes y servicios extremadamente importantes, que deben ser suministrados para que los pobres sean integrados dentro del proceso de desarrollo. Sin embargo, otros bienes y servicios básicos, tales como caminos, agua potable y alcantarillados son también importantes.

Entrega de Servicios

OPORTUNIDADES tiene desarrollado un hábil mecanismo que asegura la entrega de los bienes y servicios a los pobres. El mecanismo de entrega no es tanto llevar los servicios a la gente, como llevar a la gente a los servicios, por así decirlo. Cumple esto por asegurar que los beneficiarios tengan acceso a los servicios y por ello puedan aprovechar sus ventajas. Investigaciones del IFPRI encuentran que "las reducciones más grandes de pobreza... están alcanzadas por los más pobres de los pobres." (Skoufias, 2001, p. 44).

Monitoreo

El programa ha sido observado y encontrado eficaz por expertos del IFPRI usando avanzadas técnicas de estadística. Demostraciones de eficacia como estas son necesarias para que los programas sean ampliamente imitados. Es poco probable que países destinen grandes cantidades de recursos para programas de necesidades básicas sin una evidencia convincente de que darán resultado. Existe una gran necesidad de pruebas empíricas de programas de necesidades básicas para identificar qué funciona mejor bajo cuáles condiciones. Se debe imitar las pruebas del IFPRI en otros programas como el de la descentralización en Tlaxcala (Capítulo 7).

Es cierto que OPORTUNIDADES ha sido observado intensivamente por el IFPRI, pero existe la cuestión de si un sistema de verificación continua ha estado establecido. Además parece que no se ha establecido un sistema de monitoreo de parte de los Clientes. Si no, los incentivos para ejecución excelente y mejoramientos continuos de los Proveedores pueden ser insuficientes.

Voz y Poder de Cliente

OPORTUNIDADES es esencialmente un programa "desde arriba hacia abajo" que esta planificado y ejecutado por el gobierno central. Como consecuencia, el resultado es un silencio ensordecedor de los Ciudadanos y Clientes. En lugar de que los Ciudadanos y Clientes digan: "Esto es lo que nosotros necesitamos," el gobierno central dice: "Esto es lo que nosotros pensamos que ustedes deben querer."

En lugar de que los Clientes monitorean los beneficios y Proveedores del programa, el gobierno contrata al IFPRI para hacerlo. Como se indicó anteriormente, el monitoreo científico tiene un papel que desempeñar, pero el control externo exclusivo deja a los Clientes completamente sin poder e invita una baja calidad de abastecimiento. No es imposible que se dejan a los Clientes en la situación de aceptar lo que puedan conseguir y de no atreverse decir ni una palabra de queja por miedo de ser excluidos del programa

Asimismo, hay una carencia deslumbrante de participación de los Clientes en la entrega de los beneficios del programa. En lugar de ser sujetos activos que determinen sus propios destinos, los Ciudadanos y Clientes son relegados a un papel de recipientes pasivos de la generosidad del gobierno. Su única participación es llevar a cabo los requisitos de consumir los beneficios del programa. Esto es muy lejos de la participación de las comunidades de Tlaxcala (Capítulo 7) que planifican y llevan a cabo sus propios proyectos de desarrollo. Sin embargo, debe ser recordado que en las subvenciones de educación no se excluye la descentralización de la administración de los servicios de educación.

Demanda versus Oferta

OPORTUNIDADES es esencialmente un programa de demanda en el sentido de que los pobres rurales están otorgados los medios de aumentar su demanda para un paquete de bienes y servicios básicos. Con la posible excepción del no especificado compromiso de incrementar varios servicios de salud, no hay provisiones dentro de OPORTUNIDADES para incrementar la oferta de bienes y servicios básicos. Las subvenciones para la educación, por ejemplo, motivan a más estudiantes a asistir a las escuelas. La pregunta más sobresaliente es ¿En qué punto se vuelven inundadas las escuelas existentes? En algún punto, el crecimiento de la demanda acabará con los servicios disponibles, y será necesario poner la atención en el incremento de la oferta de los servicios. Una pregunta abierta es cómo los servicios serán suficientemente incrementados. Una característica del programa ayuda a evitar este problema: poniendo el énfasis en la medicina preventiva a través de la educación en salud y nutrición.

Se deja el suministro de otros bienes y servicios básicos a otros programas, tal como el FAIS (Capítulo 5). ¿Se coordina el suministro de los bienes y servicios básicos de otros programas con el de OPORTUNIDADES? El Director de OPORTUNIDADES en Chihuahua comentó que no existe tal coordinación (Ramírez Hernández, 2004).

CONCLUSIÓN

OPORTUNIDADES es un programa excelente. Suministra tres bienes y servicios básicos que son cruciales para integrar a personas en extrema pobreza de áreas rurales en el proceso de desarrollo, la educación, salud y nutrición. Es innovador el vincular los tres bienes y servicios de manera que se aprovechen las sinérgicas. Se diseña el suministro de cada sector brillantemente. Los requisitos del programa aseguran que los beneficiarios aprovechan sus oportunidades. El gobierno ha hecho un compromiso sustancial de financiamiento para implementar el programa. El programa ha sido científicamente monitoreado por expertos altamente calificados que concluyen que los beneficios llegan a los más pobres de los pobres, y que el programa es verdaderamente eficaz.

A pesar de sus muchas fortalezas, OPORTUNIDADES beneficia a un grupo limitado de los pobres en México. Para tener derecho a los beneficios del programa, se tiene que vivir en un área rural pobre, estar en pobreza extrema y tener acceso a los servicios. Las familias rurales que no viven en un área pobre o que no tienen acceso a la infraestructura, los pobres que viven en zonas urbanas, y los que viven cerca de la línea de pobreza y que en muchas ocasiones viven en situaciones desesperadas, todos ellos son excluidos de los beneficios del programa. Además, no se incluyen algunas necesidades básicas importantes en el programa OPORTUNIDADES. Para satisfacer todas las necesidades básicas que incorporan a las personas necesitadas en el proceso de desarrollo, será necesario multiplicar el compromiso financiero de México. Necesidades semejantes existen a través de toda Latinoamérica. Esto suscita la cuestión de la ayuda internacional para Latinoamérica y otros países en vía de desarrollo, especialmente la de los Estados Unidos. Se discute este tema más adelante el Capítulo 10.

OPORTUNIDADES es un ejemplo de "desconcentración" administrativa en la cual la planificación y el financiamiento están centralizados y los beneficios son entregados por oficinas desconcentradas del gobierno central. La gran fortaleza es que un paquete de servicios altamente racional esta entregado a los más pobres de áreas rurales. En términos del Modelo de Descentralización, el Pacto es muy fuerte. Los éxitos en mejorar la educación, salud y nutrición de los pobres pueden tener consecuencias duraderas en el futuro.

La mayor debilidad del enfoque de la desconcentración es que resulta en Voz y Poder del Cliente bastante débiles. La falta de Voz sugiere que haya posibilidades de mejorar el paquete de servicios a través de jurisdicciones. La falta del Poder del Cliente sugiere la posibilidad de que a pesar de que el programa ha sido efectivo, la calidad de entrega puede ser mejorada.

Otra cuestión es si el programa ayuda a los pobres hacerse sujetos más activos de sus propios destinos más que ser receptores pasivos de la benevolencia del gobierno. Se podría argumentar que el programa genera gente educada de tal manera que llegan a ser sujetos de su propio destino a largo plazo. Sin embargo, pareciera que los necesitados pudieran hacerse más activos por fortalecimiento de su Voz y Poder del Cliente. Las maneras de llevarlo a cabo incluyen la descentralización de la educación primaria, el instituir mecanismos para darles a los pobres más Voz y más participación en la entrega y el monitoreo de los servicios.

NOTA

1. Se deriva la descripción de OPORTUNIDADES de Skoufias (2001).

CAPÍTULO 7

GOBIERNO COMUNITARIO EN TLAXCALA

Para los pobres, autoridad, seguridad y oportunidad, deben ser experimentadas a nivel local

—Nayaran et al. (2000)

INTRODUCCIÓN

El Estado de Tlaxcala, México, ha optado por un avance original y muy interesante hacia la descentralización. Se ha establecido un gobierno más cercano a la gente, no por la descentralización de los impuestos y gastos hacia los gobiernos locales, sino por la creación de un cuarto nivel de gobierno completamente nuevo, llamado Presidencias Municipales Comunitarias. Como muestra la Figura 4.1, esta "revolución silenciosa" ha generado tres niveles de gobiernos locales: el Estado, los municipios y las Presidencias Municipales Comunitarias.

A las nuevas Presidencias Municipales Comunitarias se les ha dado un pleno estatus legal en la Constitución Estatal. Legalmente, las presidencias están subordinadas a sus municipios en el sentido de que sus primeras responsabilidades son representar la comunidad al municipio y cumplir las resoluciones del ayuntamiento. Al mismo tiempo, las Presidencias Municipales Comunitarias disfrutan de considerable autonomía. Eligen sus propias autoridades; identifican y dan prioridad a las necesidades de

Descentralización Para Satisfacer Necesidades Básicas, páginas 91–109
Desechor reservados respicto a cualquier forma de reproducción
© 2009 por Information Age Publishing

servicios públicos, planean sus propios proyectos de desarrollo social, y reciben las subvenciones federales del FAIS (descritos en el Capítulo 5) los cuales utilizan para llevar a cabo los proyectos planificados.

El propósito de este capítulo es describir el extraordinario avance de Tlaxcala hacia la descentralización y evaluarlo en términos de su capacidad para satisfacer las necesidades básicas de los pobres. En la sección uno, se describe la evolución histórica del proceso de descentralización del Estado. La sección dos describe el proceso de utilización del dinero de FAIS para satisfacer las necesidades básicas de los pobres. La tercera evalúa el avance en Tlaxcala hacia la descentralización como un medio para satisfacer necesidades básicas a la luz de los modelos de descentralización de los Capítulos 3–4. El capítulo concluye con recomendaciones para los políticos.

EVOLUCIÓN DEL PROCESO DE DESCENTRALIZACIÓN DE TLAXCALA[1]

El proceso de descentralización de Tlaxcala se ha desarrollado en cinco etapas. El propósito de este apartado es describir su evolución y así dar un sentido práctico sobre lo que se requiere política y económicamente para que la descentralización progrese con el tiempo. Observaremos como dos factores, el económico y el político, influyeron el proceso.

Etapa 1: Centralización

Después de la conquista de México durante el siglo XVI, los españoles establecieron una estructura gubernamental altamente centralizada que fue diseñada precisamente para controlar y explotar a los nativos. Los municipios fueron una parte de esa estructura. Más específicamente, los municipios fueron un medio de imponer dos mecanismos centralizados de control, el Repartimiento y la Encomienda. El Repartimiento era el territorio asignado al conquistador. La Encomienda era el número de nativos asignados a servirle. Los gobiernos municipales fueron estructurados para imponer estos mecanismos. La membresía en el Ayuntamiento (Consejo Municipal) estaba limitada a los conquistadores, y posteriormente a sus hijos, los criollos. El Ayuntamiento estaba formado por "Agentes Municipales" o "Delegados Municipales," que no eran elegidos por los ciudadanos, sino nombrados por el Ayuntamiento. La responsabilidad principal de los delegados era hacer cumplir las resoluciones del municipio en sus comunidades. La ley y la fuerza policíaca fueron otras variables en la ecuación.

Ni la revolución de 1810 o la de 1910 rompieron esta estructura de dominio. Después de las revoluciones, los municipios permanecieron con mecanismos altamente centralizados para mantener la "colonización interna." El Ayuntamiento se representó a sí mismo ante la comunidad, pero la comunidad virtualmente no estaba representada en el Ayuntamiento.

Etapa 2: Elecciones de Delegados Municipales

En 1868, Tlaxcala dio su primer paso hacia la descentralización al instituir elecciones de los Delegados Municipales. Desde ese año, los miembros del Ayuntamiento fueron elegidos por sus comunidades en lugar de ser designados por el Ayuntamiento. Esto le dio cierta Voz a la gente. Porque los Delegados tuvieron que ganar las elecciones, los funcionarios necesariamente asumieron el rol secundario de representar a la gente en el Ayuntamiento. Sin embargo, la Voz de la gente a menudo fue capturada por las élites locales, y la función principal de los presidentes municipales permaneció igual: realizar las resoluciones del Ayuntamiento en sus comunidades. Esto tomó la forma de mantener el orden público, informar al Alcalde de "acontecimientos importantes," y mantener caminos y otras infraestructuras.

Etapa 3: Delegados Municipales como Representantes de la Comunidad

En 1984, bajo el liderazgo del Gobernador Tulio Hernández, el gobierno estatal modificó la Ley Orgánica Municipal para reforzar la representación de las comunidades en el Ayuntamiento. Para simbolizar el cambio del énfasis, el Delegado Municipal fue denominado como "Regidor del Pueblo."

Después de la revisión de la ley, el rol principal del Regidor era funcionar como representante electo de su comunidad y servía como miembro del Ayuntamiento con voz y voto en la elaboración de políticas. De ahí que el papel principal de los Delegados en el Ayuntamiento cambió dramáticamente al representar a la comunidad.

Al Regidor del Pueblo se le asignaron nuevas responsabilidades que reflejaban este cambio de énfasis. Se redefinió su rol en el Ayuntamiento para: (1) representar la comunidad; (2) realizar las resoluciones del Ayuntamiento en la comunidad; (3) promover la participación y cooperación de la gente en programas que beneficiaran a sus comunidades; y (4) administrar y recaudar los impuestos sobre la propiedad (Olmedo, 1999, pp. 83–84).

Etapa 4: Escuela de Democracia

Los siguientes diez años, 1984–1994, sirvieron como una escuela de democracia para las comunidades de Tlaxcala. Los Regidores del Pueblo aprendieron a debatir, negociar, analizar y manejar fuerzas políticas. En pocas palabras, aprendieron a gobernar. Durante el transcurso de la década, las comunidades se dieron cuenta de que ellas mismas eran capaces de gobernarse, y llegaron a creer que ellas podrían gobernarse mejor que el gobierno municipal.

Etapa 5: Gobiernos Comunitarios

Causas Políticas y Económicas

Para 1994, las comunidades de Tlaxcala habían ganado voz y voto en el Ayuntamiento, pero aún se mantenía una falta de representación como efecto del período colonial. La baja representación era parcialmente causada por el limitado número de municipios que existían en México.

En México, existían 2,457 unidades de gobiernos locales (2,425 municipios y 32 Estados incluyendo el Distrito Federal). En contraste, existen 83,000 unidades gubernamentales en los Estados Unidos y 47,000 en Francia. La población mexicana con 104 millones es más de un tercio de la de los Estados Unidos, y más del doble de la de Francia. Si la estructura gubernamental de México fuera igual a la de los Estados Unidos, ésta tendría más de 27,500 unidades gubernamentales, no 2,457. Si fuera igual a la de Francia, tendría 94,000 unidades gubernamentales.

El pequeño número de municipios de México significa que tienden a ser conglomeraciones de muchas comunidades, en donde cada una de ellas está subrepresentada. Es difícil estar escuchado por un gobierno municipal grande y lejano que tiene la responsabilidad de servir a muchas comunidades. Algunas comunidades habían estado 20 años sin comunicarse con su municipio, y habían vivido virtualmente independientes (Olmedo, 1999, p. 96). Olmedo comenta que el número de municipios que fue establecido por los españoles después de la conquista fue deliberadamente pequeño precisamente para privar a la gente de su voz, y para facilitar su dominio (Olmedo, 1999, pp. 87–88).

Otro problema era de naturaleza económica. En Tlaxcala la proporción del Producto Interno Bruto (PIB) del Estado producido por la industria había caído desde el 42% en 1990 hasta el 35% en 1995. Además, las importaciones estaban dañando al sector agrícola de Tlaxcala, y la mayoría de los nuevos negocios fueron plantas ensambladoras (maquiladoras) que tenían pequeños efectos multiplicadores y fueron inversiones inestables (Plan Estatal, "Diagnóstico").

Las comunidades de Tlaxcala habían aprendido a gobernarse a sí mismo. A pesar de sus avances, estaban subrepresentadas, y sufrían tiempos duros económicamente. La realidad política y económica reforzaba la creciente creencia de que las comunidades estarían en mejores condiciones si fueran municipios independientes.

Nuevos Municipios

Por consiguiente, en 1994, las comunidades empezaron a demandar el derecho a hacerse municipios independientes con sus propios Ayuntamientos y sus propios recursos. El candidato para gobernador, José Antonio Álvarez Lima, se dio cuenta del movimiento durante su campaña política.

En 1995, la comunidad de Santa Apolonia Teacalco comenzó a manifestarse, y se volvió violenta contra el Regidor del Pueblo porque no atendía su demanda de declararla municipio independiente. Rápidamente, otras comunidades empezaron a hacer protestas semejantes.

Sin embargo había un obstáculo legal para formar más municipios. Era que la Constitución del Estado establecía dos requisitos para que una comunidad pudiera ser municipio: (1) debería tener al menos 30,000 habitantes y (2) debería ser económicamente autosuficiente. Ninguna de las comunidades que querían convertirse en municipios cumplía estos prerrequisitos.

El nuevo Gobernador José Antonio Álvarez Lima y el Congreso del Estado respondieron al disturbio cívico con la sustitución de 23 requisitos nuevos a los 2 que lo harían difícil que las comunidades constituirse como nuevos municipios (Constitución Política, Artículo 21). En relación con la satisfacción de las necesidades básicas de los pobres, los requisitos incluían: (1) tener un plan de desarrollo; (2) tener la capacidad de proveer los servicios de transportación básica, educación y salud; (3) tener la habilidad de llevar a cabo proyectos de trabajo público; y (4) ser capaces de manejar las finanzas públicas. Los nuevos requisitos permitieron la creación de 16 nuevos municipios.

La buena noticia fue que se satisfizo el deseo de algunas comunidades de ser elevadas al nivel de un municipio—se formaron 16 nuevos municipios. La mala noticia fue que el tamaño promedio de los nuevos municipios era muy pequeño, con un promedio de 3,537 habitantes, y a pesar del requisito de que todas esas comunidades deberían ser económicamente autosuficientes, no todas lo fueron. La viabilidad de algunas comunidades dependía de la ayuda del gobierno estatal y federal, y esto requería una reestructuración del financiamiento estatal. También algunas municipalidades de las que formaron las nuevas comunidades se opusieron a la pérdida de parte de su territorio y sus ciudadanos.

Nuevos Gobiernos Comunitarios

Estas fuerzas positivas y negativas permitieron al Estado tomar el audaz y creativo paso de crear un cuarto nivel de gobierno, las *Presidencias Municipales Comunitarias.* En 1995, no menos de 400 comunidades tradicionales de Tlaxcala fueron constituidas legalmente como Presidencias Municipales Comunitarios. Esto cambió dramáticamente la estructura del gobierno de Tlaxcala. En 1985, había 45 unidades de gobierno en Tlaxcala (el Estado y 44 municipios). Diez años después, en 1995, había 461 unidades de gobierno (el Estado, 60 municipios y 400 Presidencias Municipales Comunitarias).

Gobierno

El Artículo 87 de la Constitución estatal establece que las comunidades serán encabezadas por los Presidentes Municipales Comunitarios quienes serán electos por términos de tres años por las comunidades que ellos sirvan, y que serán miembros del Ayuntamiento: "Los presidentes de comunidad electos en los mismos comicios de los ayuntamientos..., formarán parte de los propios ayuntamientos con el carácter de regidores..., y no podrán ser reelectos ni como propietarios ni como suplentes, para el período inmediato" (Constitución Política de Tlaxcala, Artículo 87).

El Artículo 56 de la Ley Municipal de Tlaxcala detalla 22 derechos y responsabilidades de los Presidentes Municipales Comunitarios. Lo más importante desde el punto de vista de la satisfacción de las necesidades básicas de los pobres es que el Presidente Comunitario deberá: atender las reuniones del Ayuntamiento; planificar y ejecutar proyectos de trabajo público; reportar cada mes al Ayuntamiento sobre el progreso de los proyectos; recaudar los impuestos sobre la propiedad si la comunidad ha sido certificada con la capacidad administrativa para hacerlo; promover la participación y cooperación de residentes en programas que beneficien a la comunidad, y formar una comisión de agua potable.

El Artículo 94 de la Constitución Estatal declara que "Las presidencias de comunidad formarán comités de obras y recursos materiales y publicarán en el Periódico Oficial la distribución de los recursos asignados" (Constitución Política de Tlaxcala, Artículo 94).

Relación con Municipios

El Artículo 87 de la Constitución estatal declara que los gobiernos comunitarios no son unidades autónomas independientes de gobierno, sino ramas de los municipios a los cuales pertenecen: "Las presidencias de comunidad son órganos desconcentrados de la administración pública municipal, subordinados al Ayuntamiento del municipio del que formen parte, y se constituirán conforme a los requisitos que señale la ley, y actuarán en sus respectivas jurisdicciones como representantes del mismo" (Constitución Política de Tlaxcala, Artículo 87).

Sin embargo, como anteriormente se indicó, las comunidades disfrutan de mucha autonomía. Eligen a sus propios representantes, reciben fondos federales, planifican y realizan sus propios proyectos de desarrollo. Olmedo comenta que de hecho las comunidades son "pequeños municipios" más que oficinas desconcentradas del gobierno municipal (Olmedo, 1999, p. 116).

Condiciones Mínimas

La Ley Orgánica Municipal Del Estado De Tlaxcala detalla cuatro simples requisitos para formar una Presidencia Municipal Comunitaria. El Artículo 49 de la ley establece que el área que desea formar un gobierno comunitario deberá contener "más que 1,000 habitantes." El Artículo 50 requiere que la comunidad cuente con "capacidad suficiente para prestar los servicios mínimos municipales..., un local apropiado para la Presidencia de Comunidad, o un terreno para la edificación de la misma... y una hectárea de terreno, cuando menos, para destinarlo a cementerio" (Ley Orgánica, Artículos 49–50). El Congreso del Estado establece la Presidencia Municipal Comunitaria a instancias del municipio al que pertenece.

ENTREGA DE INFRAESTRUCTURA SOCIAL A LOS POBRES[2]

Tlaxcala ha descentralizado la satisfacción de las necesidades básicas al crear un cuarto nivel de gobierno, la Presidencia Comunitaria, y al redistribuir las responsabilidades de satisfacer las necesidades básicas de los pobres entre los tres gobiernos locales, el Estado, los municipios y las Presidencias Comunitarias. El propósito de este apartado es describir el rol de las Presidencias Comunitarias en el gasto de la subvención federal FAIS que provee infraestructura social para los pobres. La siguiente sección usa el modelo de descentralización de los Capítulos 3–4 para evaluar la efectividad de la descentralización en Tlaxcala en desarrollarse para satisfacer las necesidades básicas de los pobres.

Agencias y sus Papeles

En el Estado de Tlaxcala, los tres niveles de gobierno local (Estado, municipio y Presidencia Comunitaria) influyen el papel de la comunidad en la provisión de infraestructura social para los pobres, y cada nivel de gobierno local se apoya en dos instituciones. Al nivel estatal, existe el Congreso del Estado y el COPLADET (Comité de Planeación del Estado de Tlaxcala). A nivel municipal están el Ayuntamiento y la agencia municipal de planificación llamada Consejo de Desarrollo Municipal. A nivel de las comunidades, existe el Comité Comunitario y el Comité de Obra.

Congreso del Estado y COPLADET

El Estado y su Comisión de Planificación, COPLADET, establecen las prioridades del Estado y reglamentos generales para el uso de subvenciones federales para el desarrollo social. Como se indicó en el capítulo anterior, casi todas las subvenciones federales son distribuidas primero a los Estados y de ahí a los municipios. Los planes de desarrollo municipal y comunitario tienen que conformarse a esas prioridades y reglamentos para recibir fondos del gobierno del Estado.

En el Estado de Tlaxcala, se utiliza una fórmula muy simple para distribuir el dinero del FAIS desde el Estado a los municipios y comunidades: el dinero es distribuido sobre una base igual per cápita con la excepción del 20% de la subvención que es asignada de acuerdo al grado de pobreza de la comunidad (Olmedo, 1999, p. 156).

El Municipio

El Consejo de Desarrollo Municipal, con la aprobación del Ayuntamiento, establece los reglamentos municipales para el uso de los fondos de desarrollo (FAIS) para sus comunidades. Los reglamentos municipales deberán ajustarse a los reglamentos del Estado y del gobierno federal. El Consejo de Desarrollo Municipal también promueve la formación de los Comités Comunitarios que serán descritos más adelante, así como también supervisa y evalúa el uso de los fondos que los Comités Comunitarios gastan.

La Comunidad

A cada Presidencia Municipal Comunitaria se le requiere establecer un Comité Comunitario. Su membresía consiste en el Presidente Municipal Comunitario y seis Consejeros Comunitarios que son elegidos democráticamente en una asamblea pública. Todos los miembros del Comité Comunitario sirven sin remuneración (Olmedo, 1999, p. 141).

El Comité Comunitario da prioridad a las demandas de la comunidad de acuerdo a los límites de su presupuesto. Lo realiza primero mediante la conducción y publicación de un estudio de la comunidad, llamado la "Perspectiva Integral de la Comunidad." El estudio identifica las necesidades y sirve como base para proponer prioridades y posibles alternativas de solución. Después de conducir el estudio, el comité presenta una lista de recomendaciones preliminares para proyectos de desarrollo comunitario a una asamblea general para su discusión, revisión y aprobación.

La otra institución importante a nivel comunitario es el Comité de Obra. Se instituye un Comité de Obra para cada proyecto de desarrollo. El papel del Comité de Obra es manejar el proyecto para el cual fue creado.

Este maneja tanto los recursos como el desarrollo del proyecto. También, fomenta la participación de los miembros de la comunidad a la que beneficia del proyecto. Después de que el proyecto está terminado, el Comité deja de existir. La formación de un Comité de Obra es prerrequisito para recibir fondos estatales.

El Comité de Obra consiste de un presidente, un secretario, un tesorero, dos representantes comunitarios y un interventor, que son electos democráticamente en una asamblea comunitaria. Además, las personas en la comunidad que tengan las habilidades necesarias para organizar un proyecto particular podrían colaborar en el Comité. Todos los miembros del Comité de Obra también trabajan sin remuneración.

Implementación en Tres Etapas

Los proyectos de desarrollo son implementados en tres etapas. Primero, el Comité Comunitario conduce el estudio de las necesidades de la comunidad y convoca a la asamblea general en la cual se elabora una lista de potenciales proyectos de desarrollo. Entonces, el Comité Comunitario presenta las propuestas al Consejo de Desarrollo Municipal para su evaluación y aprobación. El Consejo Municipal considera las recomendaciones del Consejo de Desarrollo Municipal, hace aquellos ajustes que sean necesarios para coordinarse con los planes del municipio, Estado y la Federación, y entonces autoriza el proyecto.

En la segunda etapa, el municipio informa a los ciudadanos acerca de la naturaleza y localización de los proyectos, así como cuáles son los planes para completarlos. El informe también detalla a los beneficiarios y sus responsabilidades en la participación en los proyectos. Nombra a las personas que estarán a cargo, y establece las fechas para iniciar y terminar los proyectos. La comunidad está notificada con anuncios ubicados en las plazas públicas.

En la tercera etapa, cada Comité de Obra maneja el proyecto para el cual fue creado. El comité reporta regularmente a las asambleas comunitarias sobre el progreso de su proyecto y el uso de dinero y materiales. También da cuenta de sus gastos al gobierno municipal, el cual lo reporta al gobierno estatal. El Estado, en torno, reporta al Gobierno Federal.

EVALUACIÓN

El propósito de este apartado es evaluar el papel de las Presidencias Municipales Comunitarias de Tlaxcala como una estrategia con el enfoque de satisfacer las necesidades básicas y un desarrollo incluyente. Primero, utilizamos el modelo de los Capítulos 3–4 para identificar las principales fortalezas del estilo de la descentralización del Estado; después consideramos algunas cuestiones asociadas con la creación de las Presidencias Municipales Comunitarias.

Nivel de Descentralización

Hemos visto que, legalmente, las Presidencias Municipales Comunitarias son extensiones "desconcentradas" del municipio, pero de hecho son entidades gubernamentales legales y permanentes con sus propios presupuestos y con autonomía suficiente para elegir a sus propias autoridades e implementar sus propios planes de desarrollo.

Utilizando la Tabla 4.1, la descentralización de Tlaxcala puede clasificarse como Delegación. Existe una delegación política porque las autoridades comunitarias son electas localmente y tienen autonomía concreta, aunque son parcialmente responsables antes los niveles más altos de gobierno. La delegación fiscal existe ya que las Presidencias Municipales Comunitarias tienen una autoridad extensiva sobre el gasto de fondos, aunque la mayoría de los fondos provienen del centro, y las prioridades y las normas generales son establecidas por el centro. Se da una delegación administrativa puesto que las Presidencias Municipales Comunitarias emplean y manejan su propio personal, pero el Estado requiere que los agentes comunitarios sirvan sin renumeración.

Voz y Poder de Cliente

Una de las fortalezas más claras e importantes de la forma de descentralización de Tlaxcala es el gran fortalecimiento de la Voz y el Poder de los Clientes pobres, que han sido en el pasado un grupo "sin voz." Su Voz se fortalece por medio de las comunidades relativamente pequeñas que eligen a sus propios Presidentes Municipales Comunitarios. Estos Presidentes están familiarizados con las necesidades distintivas de sus áreas y representan aquellas necesidades ante los municipios como miembros del Ayuntamiento con los poderes de voz y voto. Se puede comparar la fortaleza de la Voz asociada con ser un miembro del Ayuntamiento con aquella de manda una petición al Ayuntamiento distante o con dar un servicio como miembro de un Comité de Voluntarios. La Voz se fortalece todavía más mediante la elección de los Comités Comunitarios que puedan identificar y dar prioridad a las necesidades básicas insatisfechas, y mediante las asambleas comunitarias que revisan y aprueban la lista de proyectos de desarrollo propuestas por los Comités Comunitarios.

La Voz ha sido fortalecida también por un cambio del equilibrio de poder entre las Presidencias Municipales Comunitarias y los gobiernos municipales y federales. Tradicionalmente, el gobierno federal posee la mayoría de puestos en las agencias de planificación, los Consejos de Desarrollo Municipal. Este arreglo ha sido fuertemente criticado por haber permitido al gobierno federal utilizar su posición mayoritaria para dirigir el uso de fondos para servir a propósitos políticos en lugar de satisfacer necesidades sociales urgentes (Olmedo, 1999, p. 150). El gobierno federal ha utilizado su mayoría para dictar políticas de desarrollo para los municipios desde arriba hacia abajo.

La nueva estructura política ha creado suficientes Presidentes Municipales Comunitarios en los Consejos de Desarrollo Municipal para dar a los gobiernos municipales una mayoría y control en la planificación. La planificación descentralizada ha reemplazado a la planificación centralizada.

La nueva estructura política de Tlaxcala no sólo fortalece la Voz de los pobres. También, les da mucho más Poder del Cliente sobre los Proveedores de bienes y servicios públicos. Su Poder está fortalecido a través de la elección de (o servicio en) los Comités de Obra que manejan los proyectos de desarrollo. Es reforzado también a través de respuestas en asambleas comunitarias con los informes sobre el progreso de proyectos de los Comités de Obra. Se refuerza una vez más el Poder del Cliente por la participación de los beneficiarios en la construcción de sus proyectos. Se refuerza el Poder del Cliente otra vez por otorgar poderes a los Clientes para supervisar los proyectos a través de la publicación de amplia información sobre su distribución, progreso y resultados.

Participación

Las Presidencias Municipales Comunitarias incrementan mucho la participación activa de los miembros de la comunidad en el proceso de desarrollo. Los ciudadanos que antes fueron recipientes pasivos de cualesquier beneficio que provenía de lo alto, ahora son transformados en sujetos dinámicos que determinan sus propios destinos. Piensan, planifican, discuten; sirven como Presidentes o miembros de comités; votan para elegir a su Presidente Comunitario y a los miembros de los comités; modifican y aprueban los planes de desarrollo; participan en la construcción de sus propios proyectos. En una palabra, se hacen sujetos que determinan el futuro de sus propias comunidades.

Dos de las mayores aflicciones de la pobreza y subdesarrollo son quedarse sin Voz y Poder del Cliente. Parece que la descentralización en Tlaxcala hace una contribución muy importante para contrarrestar estas aflicciones.

Las Presidencias Municipales Comunitarias de Tlaxcala ofrecen a los tomadores de decisiones un modelo muy interesante de cómo fortalecer la Voz y el Poder del Cliente a través de la descentralización.

Liderazgo

Se puede observar en la historia de Tlaxcala la importancia del liderazgo para avanzar en el proceso de descentralización. La creación de la nueva estructura de gobierno dependió enormemente del liderazgo extraordinario de los gobernadores estatales, especialmente a partir de la década de 1984–1994. Políticos menos hábiles podrían haber apelado a la Constitución Estatal y simplemente suprimido el disturbio cívico sobre la falta de designar nuevos municipios. En su lugar, el gobernador escuchó, creó un plan audaz para reestructurar el sistema político, y condujo al Congreso del Estado a implementar el plan. La gente ha podido expresar sus preferencias, y al final, alguien tiene que escucharla y responder creativamente. Por otro lado, si el liderazgo del Estado fuera débil, las demandas hábilmente formadas por ciudadanos imitando el modelo de Tlaxcala podrían ayudar a compensar.

Beneficios Mutuos

Políticamente, todos los participantes parecen estar disfrutando beneficios significativos del nuevo acuerdo político adoptado en Tlaxcala. La carga (o sobrecarga) de los gobiernos federales, estatales y municipales fue aligerada por la descentralización de las responsabilidades para combatir la pobreza al nivel comunitario, y por generar un ejército de nuevos recursos voluntarios que contribuyen a esta lucha. Las comunidades ganaron una nueva oportunidad para desarrollarse al recibir más dinero federal y más poder para utilizar ese dinero para la satisfacción de aquellas necesidades básicas que ellos consideren más urgentes. Reconocer que ha sido un proceso de "ganar-ganar" puede ayudar a los políticos a proponer planes para crear más unidades de gobierno.

Los Indígenas

La nueva estructura de gobierno ha dado a las comunidades indígenas autonomía legal para gobernar sus propias comunidades de acuerdo a sus antiguas costumbres. En lugar de ser "extrañas excepciones de la regla," la nueva estructura les da lugar para que puedan mantener sus formas tradicionales de gobierno, y incorporarse mejor dentro del sistema político y económico normal. Esto puede disipar tensiones entre los indígenas y los altos niveles de gobierno.

Descentralización como Proceso

La descentralización en Tlaxcala ha sido un proceso evolutivo, en donde cada etapa ha proveído experiencia y preparación para la siguiente. Hubiera sido difícil saltar directamente desde tener municipios altamente centralizados y diseñados para explotar a la gente, hasta comunidades con gobiernos autónomos. En principio, la metodología buena es que los tomadores de decisiones evalúen la capacidad corriente de la comunidad y hagan un juicio prudente acerca de sus posibilidades para avanzar. Escuchar atentamente la Voz de la gente puede ser el mejor indicador de estar listo para avanzar.

Algunas Cuestiones

A pesar de sus grandes fortalezas, la descentralización en Tlaxcala no se salva de problemas. Reconocerlos y enfrentarlos puede ayudar a que la descentralización en Tlaxcala evolucione a una forma más eficaz, y a que otros deriven de la experiencia de Tlaxcala estilos más efectivos de descentralización.

Costos

Tlaxcala pasó de 45 a 461 unidades de gobierno en un corto periodo de tiempo. Esto marca un 900% de incremento en el número de unidades gubernamentales dentro del Estado. El tamaño promedio de los nuevos municipios era de 3,357 habitantes, pudiendo tener como mínimo 1,000 habitantes. ¿Es eficaz en relación con el costo que implica el crear tantas nuevas y pequeñas unidades de gobierno?

La teoría económica nos enseña que el número óptimo de gobiernos depende no sólo de los beneficios de la descentralización, pero también de los costos (Oates, 1972, pp. 38–45). Los beneficios de más pequeñas jurisdicciones incluyen el adecuar los bienes y servicios públicos a las preferencias específicas de los ciudadanos; el hacer a los pobres sujetos de sus propios destinos, y superar el descuido por parte de los gobiernos municipales. Sin embargo, más unidades pueden incrementar el costo por persona del suministro de bienes y servicios públicos.

El suministro de bienes y servicios públicos puede disfrutar de importantes economías de escala. Es decir que el costo por persona de bienes y servicios públicos puede bajar si el tamaño de la jurisdicción se incrementa. ¿Es eficaz en relación con el costo para cada una de las 400 comunidades— que pueden tener a lo más 1,000 residentes— el llevar a cabo sus propios proyectos de obras públicas y tener su propio personal policiaco? ¿En qué punto se convertiría la multiplicación de las administraciones públicas en ineficiente? ¿Es eficiente emplear personal, comprar edificios y equipo para 400 Presidencias Municipales Comunitarias adicionales?

Tlaxcala ha esquivado parcialmente los costos del personal en términos de dinero (pero no en términos reales) por el requerimiento de que oficiales comunitarios sirvan sin renumeración. Verdaderamente, esta condición puede ser indispensable para hacer la descentralización económicamente viable. Los costos también son reducidos al generar la participación voluntaria de los miembros de la comunidad, que anteriormente estaban inactivos en la planificación y construcción de sus proyectos.

Es difícil hacer un juicio *a priori* acerca del efecto neto de la descentralización de Tlaxcala sobre los costos de sus bienes y servicios públicos. Sin embargo, el mensaje es que los políticos deben considerar los costos así como los beneficios en la determinación del número de gobiernos locales. En principio, se debería limitar el número de gobiernos locales al número que maximice los beneficios sobre los costos.

Correspondencia

La teoría del federalismo fiscal nos enseña que el bienestar social está maximizado por una "correspondencia" entre la jurisdicción y las áreas que contienen los beneficiarios de los bienes y servicios públicos. Si algunos beneficiarios viven fuera de la jurisdicción, existen "beneficios externos." Si la comunidad fracasa en considerar los beneficios externos, se puede suministrar una cantidad insuficiente de bienes y servicios públicos. Pero si existen costos externos, puede darse una sobre-suministración.

Los políticos deberán tomar en cuenta este principio de correspondencia en la formación de nuevas unidades de gobierno. ¿Se debe ajustar el tamaño de la jurisdicción que suministra bienes y servicios públicos para que se incluyan los beneficiarios? o se debe limitar las responsabilidades de los gobiernos comunitarios para que se respete el Principio de Correspondencia.

¿Consideró el Estado de Tlaxcala el Principio de Correspondencia cuando determinó el número de nuevos municipios y Presidencias Municipales Comunitarias? La historia del proceso de descentralización sugiere que un motivo importante que llevó al gobierno a formar las Presidencias Municipales Comunitarias fue sofocar los disturbios cívicos. Parece improbable que la correspondencia (tampoco los costos) fuera cuidadosamente considerada cuando el Estado estableció las "400 comunidades tradicionales" de Tlaxcala como Presidencias Municipales

Comunitarias. El tamaño pequeño de las nuevas Presidencias Municipales Comunitarias, junto con la naturaleza de la infraestructura social de los proyectos de los que fueron responsables sugiere que el Principio de Correspondencia no siempre fue respetado.

Dependencia de Voluntarios

La Ley Estatal para los Municipios detalla una larga lista de responsabilidades para los Presidentes Municipales Comunitarios que están sirviendo sin renumeración. Ellos tienen a cargo no menos que 22 responsabilidades que van desde atender las reuniones del Ayuntamiento, hasta servir en los Comités Comunitarios, mantener el catastro de valores de la propiedad, y recaudar los impuestos sobre la propiedad para los municipios. La lista se parece como una descripción de un puesto de tiempo completo. Igualmente los Comités Comunitarios que identifican las necesidades de la comunidad y los Comités de Obra que dirigen los proyectos de desarrollo tienen designadas pesadas responsabilidades.

Por un lado, los voluntarios tienen la motivación que proviene del conocimiento de que esos servicios beneficiarán directamente a sus propias comunidades. También la cultura mexicana ve el servicio de los voluntarios en servicios públicos como una "distinción y honor" (Olmedo, 1999, p. 141). Por otro lado, ¿qué tanto puede esperarse de una labor voluntaria? Los políticos necesitan ser realistas al asignar responsabilidades a los voluntarios comunitarios.

Capacidad Administrativa

La nueva estructura de gobierno en Tlaxcala delega muchas responsabilidades a pequeñas comunidades para que planifiquen y lleven a cabo los proyectos. De ahí surge una cuestión acerca de su capacidad para cumplir esas responsabilidades. Observamos en el Capítulo 5 que la mayoría de los municipios mexicanos sufren de severas deficiencias administrativas. Si los municipios carecen de capacidad administrativa, ¿cuál será la situación de las comunidades?

Cuando se debatía sobre la creación de las Presidencias Municipales Comunitarias en el Congreso del Estado, un argumento en contra de su creación fue que carecían de habilidad administrativa para llevar a cabo las funciones propuestas. Se argumentó que muchas Presidencias Municipales Comunitarias podrían acaparar los pocos administradores capaces que existían a nivel municipal, y así bajar aún más la calidad de la administración municipal (Olmeda, 1999, pp. 100–101).

En respuesta, el Gobernador José Antonio Álvarez Lima argumentó no sólo que la calidad de la administración no se dañaría sino que se mejoraría. Él argumentó fue que la gente estaba entusiasmada por las nuevas oportunidades para desarrollar sus propias comunidades y que no hay sustituto para el entusiasmo. Dijo también el Gobernador que el mejoramiento de la representación (Voz y Poder del Cliente) mejoraría la administración. Los proyectos podrían ser planificados y ejecutados donde más se necesitaran. Él dijo que la gran falla de administración pública en México ha sido que un grupo central de burócratas había "secuestrado" las decisiones e irresponsablemente malgastado la riqueza nacional (Olmedo, 1999, pp. 100–101).

Le pregunté al Dr. Raúl Olmedo, un experto sobre el proceso de Tlaxcala, si las Presidencias Municipales Comunitarias son capaces de manejar sus propias responsabilidades administrativas. El Dr. Olmedo me respondió afirmativamente. Dijo que son capaces de hacer los sencillos presupuestos, planes, informes, etc., que se requieren para llevar a cabo sus proyectos de desarrollo (Olmedo, 2004, August 17).

La experiencia del Banco Mundial en procesos de descentralización ha tenido como consecuencia la recomendación de que se permita que la gente aprenda mientras que administra, en lugar de requerir que haya una capacidad plenamente desarrollada antes de la descentralización: "En el pasado se creía que la descentralización con ausencia de una adecuada capacidad local era indeseable. Este punto de vista está cambiando ya que la experiencia muestra que las capacidades locales se expanden mejor mientras que los sistemas de descentralización maduran" (World Bank, 2004, p. 191). De verdad, la historia de Tlaxcala muestra que las comunidades aprendieron a hacer política durante el período 1985–1995 mientras servían como agentes municipales.

Por otro lado, el Banco Mundial también recomienda que "se fomente mejor la capacidad cuando los gobiernos central y locales trabajen juntos" (World Bank, 2004, p. 191). El reto, una vez más, es encontrar el apropiado ritmo de descentralización. La historia de descentralización de Tlaxcala ilustra un proceso efectivo. Sirviendo como agentes municipales los ciudadanos desarrollaron las habilidades esenciales requeridas para establecer Presidencias Municipales Comunitarias relativamente autónomas. La recomendación para los políticos sería mantener un equilibrio entre el entrenamiento proporcionado por agentes hábiles de los niveles de gobierno más altos y el aprendizaje como se llevan a cabo las responsabilidades.

Igual Distribución de Fondos Per Cápita

Como se hizo notar anteriormente, el Estado utiliza un mecanismo muy simple para distribuir apoyos federales: se distribuye el 80% de los recursos de manera igualitaria de acuerdo al criterio per cápita; y se asigna el otro 20% de acuerdo al grado de pobreza de la comunidad. La fórmula ha sido simplificada comparada con la fórmula para distribuir los fondos

FAIS descritos en el Capítulo 5, que toma en cuenta varios indicadores de pobreza.

El uso de fórmulas para distribuir fondos es conveniente porque incrementan la transparencia, y reducen la posibilidad de corrupción y del control de las élites. Pero, ¿por qué distribuir 80% de los fondos con base del criterio per cápita? La desventaja de una distribución igual per cápita es que una comunidad de 1,000 personas ricas recibe la misma cantidad de dinero que una comunidad de 1,000 personas pobres. El dinero no está dirigido a donde más se necesita.

Una ventaja de ese procedimiento es que es comprensible y transparente, y de esta manera se reduce el riesgo de corrupción. El Estado publica la cantidad de fondos FAIS recibidos en el Boletín Oficial. En cada municipio se permite conocer a los ciudadanos la cantidad de dinero que reciben mediante anuncios en plazas públicas. Tanto los municipios como las comunidades pueden verificar fácilmente que hayan recibido la transferencia correcta por multiplicar el apoyo del Estado per cápita por el número de personas de la comunidad.

Las fórmulas del Capítulo 5 para la distribución de dinero federal están, en teoría, más justas. El problema es que "nadie las entiende," y por eso las comunidades nunca están seguras de que recibieron la cantidad correcta de dinero (Olmedo, 2004, Agosto 18). Los tomadores de decisiones deberían evaluar el grado en que la política está a favor de los pobres y honestamente deberían usar sus evaluaciones para mantener un equilibrio entre la transparencia del criterio per cápita y el uso de fórmulas más justas, aunque más complejas.

Vista de Largo Plazo

La estructura de subvenciones federales en México pudo haber influenciado la demanda de los ciudadanos para la formación de municipios que son muy pequeños y no viables económicamente. Las comunidades que hicieron esas demandas pudieron haber pensando más en términos de recibir una mayor repartición de subvenciones federales, que en términos de cobrar impuestos para pagar sus propios bienes y servicios públicos. Si la recaudación de impuestos es eventualmente descentralizada, estos municipios se encontrarían en una situación difícil. Es bueno que los políticos tomen una perspectiva de largo plazo y eviten el establecimiento de un número de municipios que eventualmente sería contraproducente.

Evidencia Empírica

El modelo de descentralización de los Capítulos 2–3 sugiere fuertemente que la descentralización a través de la creación de más unidades de gobierno puede ser un manera efectiva de satisfacer las necesidades básicas de los pobres. Puede ser especialmente efectiva en reforzar la Voz y el Poder del

Cliente de los que no tienen voz, y en incrementar la participación de los pobres en el proceso de desarrollo.

Aún así, hay una falta de estudios empíricos que demuestran la efectividad de las Presidencias Municipales Comunitarias en la suministración de bienes y servicios públicos para los pobres. La principal evidencia empírica es la multitud de informes sobre proyectos presentados por las comunidades (Olmedo, 2003, Julio 22).

Este capítulo genera muchas cuestiones empíricas, incluyendo: ¿Qué número de nuevos gobiernos es el más efectivo para satisfacer las necesidades básicas de los pobres? ¿Cuáles responsabilidades deben tener? ¿Cuáles son los proyectos de infraestructura social que los gobiernos comunitarios son más capaces de proveer? ¿Qué pasa con el costo y la calidad de servicios cuando cambia el número de unidades de gobierno por persona? ¿Cuáles son los requisitos administrativos y cómo deben ser satisfechos? ¿Qué condiciones son las más propicias para incrementar el número de unidades de gobierno y definir sus responsabilidades? El desarrollo de respuestas empíricamente verificadas para estas y otras cuestiones ofrece un campo fértil para futuras investigaciones. Los políticos deben estar conscientes de que los estudios aún no existen.

CONCLUSIÓN

Tlaxcala presenta un nuevo avance para implementar un enfoque para la satisfacción de las necesidades básicas: la descentralización mediante el aumento del número de unidades gubernamentales. Este enfoque puede ser provechoso, y Tlaxcala nos enseña que es factible. Las nuevas unidades pueden ser municipios independientes o gobiernos comunitarios dependientes pero semi-autónomos.

Un estudio de las experiencias de más de 60,000 personas pobres de 50 países concluye que uno de las quejas más comunes de los pobres es un sentido de desesperanza, impotencia, humillación y marginación asociadas con una falta de Voz y Poder de Cliente (Nayaran et. al., 2000, p. 39). Otra queja es el maltrato, la corrupción y la ineficacia de los servicios del gobierno que están asociados a la falta de responsabilidad de líderes políticos (Nayaran, 2000, p. 98). La forma única de descentralización en Tlaxcala puede ser imperfecta, pero al final contrarresta dos de las causas más persistentes de pobreza, la falta de Voz y Poder del Cliente.

Toda Latinoamérica ha estado sujeta a los efectos de la conquista. Puede ser que los orígenes coloniales de los municipios en todo el continente hayan causado que fueran muy grandes y con baja representatividad de los pobres. Si es así, la recomendación política es considerar la trayectoria innovadora de Tlaxcala para crear más unidades de gobierno.

NOTAS

1. La historia de descentralización de Tlaxcala está tomada de Olmedo (1999, Capítulos 4–6).
2. Esta descripción es derivada de Olmedo (1999, Capítulo 8).

CAPÍTULO 8

CONSEJOS TRIBUTARIOS DEL BANCO MUNDIAL

¿Fomentan Desarrollo Incluyente?

El poder del Estado sobre los impuestos le permite proporcionar servicios públicos

—Informe del Banco Mundial 1997, p. 25

INTRODUCCIÓN

Los capítulos anteriores se refirieron en gran parte a la descentralización de los gastos gubernamentales para satisfacer las necesidades básicas que crean un proceso de desarrollo más incluyente. Otra cara de la moneda es la tributación. Si un grupo de amigos cenan en un restaurante, su satisfacción es determinada no sólo por la calidad de la comida, sino también por quien paga la cuenta. El tipo de tributación determina quien paga la cuenta que satisfaga las necesidades básicas. Si los pobres pagan los impuestos usados para satisfacer las necesidades básicas, es como si el gobierno diera con una mano y tomara con la otra. Esta política hace que se demore la implementación de un proceso de desarrollo incluyente.

El Banco Mundial (BM) tiene una influencia fuerte sobre el tipo de sistema tributario porque da "consejos" tributarios, y hace del cumplimiento

Descentralización Para Satisfacer Necesidades Básicas, páginas 111–132
Desechor reservados respicto a cualquier forma de reproducción
© 2009 por Information Age Publishing

de estos consejos una condición de recibir préstamos preferenciales para desarrollo.

El objetivo de este Capítulo 8 es describir y explicar los consejos tributarios del BM, y analizarlos en términos de si esos aportes crean un proceso de desarrollo incluyente o no. La primera parte presenta un Modelo Fiscal que incluye la forma de tributación que sería más apropiada para implementar un proceso de desarrollo incluyente. La segunda describe los consejos del BM, y la tercera evalúa los consejos a la luz del modelo. El capítulo termina con recomendaciones para mejorar las políticas tributarias en América Latina. El Capítulo 9 continúa con el tema de tributación presentando un caso: la reforma tributaria de El Salvador.

MODELO FISCAL

El Capítulo 1 mostró que aproximadamente uno de cada cuatro personas en Latinoamérica vive con menos de $2 USD por día. A la vez, Latinoamérica es la región más desigual de todo el mundo. Esta pobreza y desigualdad traen dominación, explotación y exclusión de los pobres del proceso de desarrollo.

En el Capítulo 2 vimos que la mejor solución para la pobreza y desigualdad latinoamericanas incluye un proceso de desarrollo que beneficie a toda la población, no sólo un segmento reducido. Para crear un proceso de desarrollo incluyente es necesario satisfacer las necesidades básicas de salud y educación que aumenten la productividad de los pobres. Al elevar su productividad se generan nuevas oportunidades de empleo y de ganar lo necesario para tener una vida más plena y digna.

El Modelo sobre Descentralización presentado en el Capítulo 4 trató la cuestión de cual nivel de gobierno debería suministrar los bienes y servicios básicos que aumentan la productividad de los excluidos. El nivel gubernamental más adecuado sería el nivel cuya jurisdicción abarca a los beneficiarios del bien o servicio. El gobierno central debe suministrar los bienes y servicios que benefician a toda la nación. Las municipalidades y los Estados deben suministrar los bienes y servicios cuyos beneficios están relacionados con sus jurisdicciones respectivas. Puesto que los beneficios de bienes y servicios básicos como la educación primaria y los servicios básicos de salud están generalmente confiados a las municipalidades y los Estados, estos gobiernos deben asumir la responsabilidad primaria de suministrarlos.

La ventaja de descentralizar el suministro de bienes y servicios básicos hacia los gobiernos locales es que permite que se adapte el suministro de esos servicios a las necesidades específicas de sus jurisdicciones. Con frecuencia, los beneficios están dirigidos a regiones pequeñas y las necesidades varían entre regiones. La descentralización da al gobierno local la flexibilidad que es necesaria para responder apropiadamente. A la vez, la descentralización refuerza la Voz para que la gente pueda expresar mejor sus necesidades específicas y monitorear el suministro de los bienes y servicios.

La tributación desempeña un papel decisivo en un proceso de desarrollo incluyente. Primero, la tributación levanta los fondos necesarios para pagar los costos de satisfacer las necesidades básicas. Segundo, la tributación *progresiva* que requiere que los ricos paguen un porcentaje relativamente alto, acelera la satisfacción de necesidades básicas mientras que la tributación *regresiva* tiene el efecto opuesto. Por ejemplo, gravar a las familias que viven en un nivel de subsistencia para construir una escuela nueva tiende a dejar a los niños más hambrientos y menos capaces de aprender. El enfoque más efectivo es utilizar impuestos progresivos para pagar los costos escolares y así matricular niños bien nutridos.

Exigir tributos a los ricos para satisfacer las necesidades básicas de los pobres implica una redistribución del ingreso desde los más ricos hasta los más pobres. Puesto que los costos para satisfacer las necesidades básicas tienden a ser bajos (Capítulo 2), puede ser que la redistribución no tenga que ser muy grande. Sin embargo, la extrema desigualdad de Latinoamérica y la importancia de implementar un proceso de desarrollo incluyente cuanto antes justifican una redistribución de ingresos a través de un sistema progresivo de impuestos.

La Teoría sobre el Federalismo Fiscal (Capítulo 4) argumenta que en general, el gobierno central tiene que llevar a cabo la redistribución de ingresos. Si una municipalidad, por ejemplo, adopta una política de redistribución que es significativamente más agresiva que la política de comunidades circundantes, crea incentivos para que los ricos salgan de la municipalidad, y para que los pobres entren a ella. Como salen los ricos, habrá menos posibilidad de gravarlos, y cuando los pobres llegan las necesidades crecen. Estas migraciones tienden a socavar el intento de satisfacer necesidades básicas a través de una tributación progresiva. Puesto que es mucho más difícil salir de una nación que de una municipalidad o Estado, el gobierno central debe ser la entidad que grava a los ricos. En pocas palabras, se debe *centralizar* la tributación progresiva.

Entonces, ¿cuál será la óptima política fiscal para satisfacer las necesidades básicas de los pobres en el contexto de pobreza y desigualdad latinoamericanas? Lo ideal es: (1) *centralizar* un sistema progresivo de impuestos; (2) *descentralizar* el suministro de los bienes y servicios básicos para los pobres; (3) transferir los ingresos tributarios centralizados a los gobiernos locales para que ellos paguen los costos del suministro de bienes y servicios básicos.

Este capítulo se enfoca en el sistema tributario recomendado por el BM. El BM hace sus recomendaciones para los gobiernos que piden préstamos.

Las cuestiones que quedan por discutir son: ¿recomienda el BM un sistema progresivo de impuestos para los gobiernos de los países en vía de desarrollo? Si no, ¿por qué y cómo deben responder los que ponen en práctica las políticas tributarias?

CONSEJOS DEL BM

Origen

En la década de los 1980s, el BM comenzó a dar consejos a los países en vía de desarrollo sobre los sistemas tributarios e insistir en que se siguieran esas recomendaciones como condición de recibir préstamos a términos preferenciales (World Bank, 1991, pp. 7–10). Entre 1980 y 1989, el BM hizo 94 préstamos de ajuste, siendo la cantidad total de los préstamos de $12.63 billones. Más del 90% de estos préstamos incluyeron condiciones para la política tributaria. (World Bank 1991, p. 73). Además, es posible que el BM influya en la política tributaria de los países latinoamericanos, mediante su influencia—directa o indirecta—sobre otras organizaciones como la United States Agency for Internacional Development (USAID) y el Banco Interamericano de Desarrollo (BID).

Al restringir los préstamos sólo a los países subdesarrollados que adopten los consejos del BM sobre impuestos se pone una presión fuerte para que esos países se conformen a las recomendaciones del BM. No es sorprendente que estudios empíricos indiquen que en general casi toda América Latina ha implementado las recomendaciones del BM (Thirsk, 1997, pp. 18–24; Pita, 1993, pp. i-iv).

La página de Internet del BM (World Bank 2006) declara que se describen y se explican sus consejos tributarios en dos publicaciones: (1) *Lessons in Tax Reform* (World Bank, 1991), y (2) el capítulo primero de *Tax Reform in Developing Countries* (Thirsk, 1997). Se basa la descripción de la política tributaria del BM principalmente en estas fuentes.

Como Diseñar Un Sistema De Impuestos

Para explicar la política del BM, necesitamos revisar el proceso de construir un sistema tributario. Diseñar un sistema tributario es un proceso que incluye dos pasos esenciales: (1) determinar los objetivos del sistema tributario, y (2) seleccionar un conjunto de impuestos que logre los objetivos.

Paso Primero: Los Objetivos

Normalmente, las circunstancias económicas del país determinan un objetivo primordial para el sistema tributario. La Economía como ciencia ayuda a describir y explicar estas circunstancias. Después, se selecciona el objetivo primordial en base de las necesidades.

Se puede adoptar también objetivos secundarios para el sistema tributario. La fuente principal de estos objetivos es una lista de "Requisitos para una Buena Estructura Tributaria" que fue elaborada por los profesores Richard y Peggy Musgrave en su obra clásica sobre finanzas públicas (Musgrave & Musgrave, 1989, p. 216). En síntesis, un buen sistema de impuestos: (1) aumenta los ingresos suficientemente; (2) distribuye el gravamen de los impuestos de manera justa ("equidad"); (3) minimiza interferencias con decisiones económicas ("eficiencia"); (4) facilita la política fiscal para lograr pleno empleo sin inflación; (5) permite una administración justa; (6) es comprensible para los contribuyentes; y (7) minimiza los costos de administración y de rendimiento de cuentas. Los economistas tratan de satisfacer todos estos requisitos a lo menos en la medida en que favorezcan el objetivo primordial.

Paso Segundo: Seleccionar Los Impuestos

El paso segundo para construir un sistema tributario es seleccionar un conjunto de impuestos que logren el objetivo primordial y los objetivos secundarios en la medida en que cuanto no obstaculicen demasiado el logro del objetivo primordial. Una vez más, la ciencia de economía ayuda en dirigir este proceso. Por ejemplo la teoría económica ayuda a determinar hasta que punto se puede esperar que un impuesto logre los objetivos.

El proceso de diseñar un sistema de impuestos muestra que no hay un único sistema tributario que sea el mejor paquete de impuestos para un país particular. Se puede discutir no sólo cuáles han de ser los objetivos, sino también que impuestos particulares deben adoptarse para lograr los objetivos. "No hay ninguna receta para escoger un impuesto particular o para definir un sistema particular de impuestos, ni existe un país en el que todos los impuestos sean óptimamente definidos" (World Bank, 1991, pp. 57–58).

Objetivo Primario Del Banco Mundial

El BM siguió un procedimiento estándar para desarrollar sus consejos tributarios: primero estudió el contexto económico para escoger su objetivo primario, y entonces seleccionó un conjunto de impuestos que prometían lograr el objetivo primario. Adoptó otros objetivos secundarios en cuanto apoyan el objetivo primario.

Contexto Económico: La Crisis de Deuda Internacional

Cerca de los inicios de los 1950s, Latinoamérica comenzó adoptar el enfoque de desarrollo denominado como "Sustitución de Importaciones para la Industrialización" (SII). Una justificación fue la Teoría de la Dependencia que argumentaba que Latinoamérica estaba subdesarrollada porque era dependiente del mundo industrializado. La solución fue hacerse independiente. ¿Cómo? Mediante la industrialización y la producción interna de los bienes y servicios que antes se importaban.

Con objeto de industrializar, los gobiernos latinoamericanos comenzaron a gastar enormes sumas de dinero para inversiones en empresas públicas, infraestructura, subvenciones de negocios privados y para otras cosas que se suponía podrían impulsar la industrialización. Esos gastos generaron grandes déficits fiscales de manera que los gastos excedieron los ingresos. En una muestra de 33 países en desarrollo, el sector público tuvo un déficit fiscal promedio de 7% del Producto Interno Bruto (PIB) en 1986 (Chhibber & Khalilzadeh-Shirazi, 1988, citado en World Bank, 1991, p. 17). En comparación, el déficit fiscal de los Estados Unidos en 2005 fue aproximadamente de 2.6 % de su PIB (Congressional Budget Office, 2006).

Si los gastos eran más grandes que los ingresos ¿Cómo podían los gobiernos pagar las cuentas? Una respuesta fue pedir prestado dinero de los bancos de Estados Unidos y de otros países industrializados. Entre 1973 y 1983, la deuda de Latinoamérica se incrementó del 23 % a casi el 47 % de su Producto Interno Bruto (Sachs and Larrain, Table 22–1, page 691).

Después del primer esfuerzo de industrialización, el ISI vaciló. La producción y los ingresos no crecieron en Latinoamérica durante la "década perdida" de los 1980s (Franco, 2003, Tabla 3.3, p. 65). Latinoamérica dejó de percibir la sustitución de importaciones que necesitaba para pagar su deuda internacional. En 1982, México retrasó el pago de su deuda, y otros países estuvieron en peligro de hacer lo mismo.

De repente, los bancos estadounidenses que habían prestado muchos billones de dólares a Latinoamérica—y el sistema bancario internacional en general—estuvieron a punto de la quiebra. En 1982, los compromisos netos de nueve de los más importantes bancos norteamericanos con préstamos internacionales fue el doble del valor total de su capital cubierto (Lindert & Pugel, 2000, p. 570). Por ello los préstamos a los gobiernos Latinoaméricanos casi se detuvieron.

La situación fue crítica y algo tenía que hacerse de inmediato. Los economistas del BM concluyeron que una clave para resolver la crisis era eliminar los déficits fiscales que estaban forzando a los gobiernos a pedir préstamos, y generar un superávit fiscal que generara los recursos necesarios para pagar la deuda. Una manera de lograrlo era incrementar los ingresos tributarios.

Objetivo Primario: Ingresos

De esta manera apareció el objetivo primario del BM para la reforma tributaria en Latinoamérica —incrementar los ingresos tributarios tan rápido y sencillamente como fuera posible. El BM declaró:

> Cómo contener y racionalizar la sobre-expansión de los sectores públicos se ha convertido en uno de los principales retos que enfrentan los países latinoamericanos en los últimos años. En este contexto, la lógica de la reforma tributaria tiene doble lectura: primero... reducir... ineficiencias e inequidades... y, segundo,... *(generar) mayores ingresos públicos*.... (énfasis añadido). (World Bank, 1991, p. 2)

Aquí el BM declara que el objetivo primero es reducir las ineficiencias e inequidades, y que el objetivo segundo es generar ingresos públicos. Sin embargo, el argumento de este capítulo es que de hecho el objetivo primordial es generar ingresos con objeto de resolver la crisis financiera y que la eficiencia y la equidad fueron reinterpretadas y buscadas sólo en la medida que contribuyeran a elevar los ingresos tributarios. El apéndice de este capítulo analiza estos objetivos secundarios.

Consejos del BM para Generar Ingresos

Los consejos del BM para aumentar los ingresos tienen dos partes: (1) reestructurar los impuestos; y (2) aumentar el número de contribuyentes. El BM ofreció muchas recomendaciones para cumplir esto. Este apartado describe las que tienen más impacto sobre el proceso de desarrollo.

Política I: Reestructuración de Impuestos

Impuesto sobre el Valor Agregado (IVA). Para elevar los ingresos tributarios, el BM aconseja que los países introduzcan un impuesto nuevo sobre las ventas, el Impuesto sobre el Valor Agregado (IVA), y que constituya el generador principal de ingresos: “Se generarían ingresos primariamente mediante un impuesto sobre las ventas que tiene una base amplia. El mejor instrumento para ello sería un IVA” (World Bank, 1991, p. 57).

Generador de Ingresos. El IVA—un impuerto “indirecto” sobre ventas—es un buen generador de ingresos en parte porque grava una base amplia de ventas, y en parte porque es más fácil de administrar que la alternativa ideal, el Impuesto sobre la Renta Personal:

> Si los países en desarrollo son incapaces de hacer que los impuestos sobre la renta personal funcionaran de manera efectiva (debido a la evasión, dificultades contables, largas demoras de recaudación, y otros problemas de imple-

mentación), puede ser la mayor parte de sabiduría tratar de lograr un sistema eficiente de impuestos indirectos. (World Bank, 1991, p. 15)

Es relativamente fácil administrar el IVA en parte porque el impuesto tiene características de auto-aplicación. Se implementa el IVA para gravar el valor total de todas las ventas de todas las etapas de producción. El impuesto se hace un impuesto sobre el valor agregado de cada etapa de producción por dar reembolsos de los impuestos pagados en las etapas anteriores de producción. Sin embargo, para recibir el reembolso, el productor tiene que mostrar un recibo de los impuestos pagados anteriormente. Por eso, cada contribuyente insiste que los impuestos debidos en las etapas más tempranas de producción sean pagados, y que los recibos de esos impuestos sean entregados.

Impuesto sobre la Renta Personal. Bloques sucesivos de ingreso personal son normalmente gravados a crecientes tasas marginales. Por ejemplo, puede ser que los primeros $10,000 de renta son gravados a una tasa marginal de 5%, y los segundos $10,000 a una tasa marginal de 10%. La recomendación segunda del BM para aumentar los ingresos es bajar la máxima tasa marginal del impuesto sobre la renta personal a 30–50% (World Bank, 1991, p. 43).

Generador de Ingresos. El objetivo de bajar la tasa marginal máxima es aumentar los ingresos tributarios para reducir los incentivos de evadir el impuesto (World Bank, 1991, p. 43). Vamos a ver más adelante que esta recomendación va junto con reformas administrativas que pretenden forzar a más gente de todas las clases sociales a pagar los impuestos. La inclusión de más contribuyentes en el sistema pretende compensar la pérdida de ingresos asociada con reducir las máximas tasas marginales.

El Impuesto sobre las Rentas de las Empresas. La recomendación en relación con los impuestos sobre la renta de las empresas es establecer una tasa fija equivalente a la tasa marginal más alta sobre la renta personal (World Bank, 1991, p. 58).

Generador de Ingresos. La tasa única sobre la ganancia hace más fácil la administración y el pago del impuesto, y a la vez hace más difícil la evasión. La tasa más baja reduce el incentivo a utilizar el arbitraje tributario por el cual las personas manipulan los procedimientos contables para esconder las fuentes verdaderas de sus ganancias y así pagar menos impuestos.

Política II: Aumentar el Número de Contribuyentes

La segunda estrategia del BM para aumentar los ingresos tributarios es aumentar el número de contribuyentes, que quiere decir "ampliar la base tributaria." La primera política para implementar esta estrategia consiste en instituir un rango amplio de reformas administrativas. Las recomendaciones incluyen el simplificar el sistema tributario para que sea más fácil de administrar; por ejemplo se recomienda eliminar impuestos de poco rendimiento para que los administradores puedan dedicar más tiempo a recolectar los impuestos de más rendimiento. Adicionalmente, se recomienda capacitación adicional para los administradores, aumento de salarios, tecnificación, y reorganización de los departamentos de tributación (World Bank, 1991, pp. 51–54).

Otro consejo para aumentar el número de contribuyentes es implementar el IVA. Se mencionó anteriormente que el auto-aplicación del IVA tiende a reducir la evasión. Otra ventaja del IVA es que este impuesto tiene una base más amplia que las bases anteriores del comercio internacional y de limitada producción interna (World Bank, 1991, p. 31).

El tercer Consejo es instituir reformas legales para cerrar modos legales de evitar impuestos, y para aumentar las sanciones contra la evasión. El cuarto es reducir el número de exenciones tanto del IVA como de los Impuestos sobre la Renta (World Bank, 1991, pp. 31, 35). Por último, para asegurar pagos oportunos, se recomienda la introducción de retenciones para los Impuestos sobre la Renta tanto personal como empresarial (World Bank, 1991, p. 58)

EVALUACIÓN

Incidencia

La incidencia tributaria es la distribución del gravamen tributario entre individuos de distintos niveles de ingreso. Un impuesto puede ser regresivo, proporcional, o progresivo. Un impuesto es regresivo si el porcentaje de ingreso pagado como impuesto aumenta cuando el ingreso baja en distintos grupos de individuos. El impuesto es progresivo si la proporción aumenta con ingreso. El impuesto es proporcional si la proporción es constante entre distintas clases de ingreso.

El Modelo Tributación argumenta que la tributación centralizada y progresiva sirve mejor el objetivo de implementar un proceso de desarrollo incluyente por satisfacer las necesidades básicas. El propósito de este apartado es examinar la incidencia de las recomendaciones tributarias del BM.

Impuesto sobre el Valor Agregado

El BM recomienda que el IVA se constituya en la fuente principal de ingresos tributarios. Análisis económico concluye que el IVA es un impuesto regresivo porque los consumidores lo pagan y porque los pobres gastan un porcentaje relativamente grande de su ingreso (Musgrave & Musgrave, 1989, pp. 399, 404).

La Tabla 8.1 ilustra la regresividad del IVA. La Tabla muestra dos individuos. El primero gana $50,000 mientras que el otro gana $5,000. La

TABLA 8.1 Regresividad del IVA

(1) Renta	(2) Consumo	(3) Ahorros	(4) Tasa (%)	(5) Impuesto	(6) Impuesto/ Renta
$50,000	$40,000	$10,000	10	$4,000	8%
$5,000	$5,000	$0	10	$500	10%

persona más rica ahorra 20% de su renta y gasta $40,000 para comprar bienes y servicios gravados por el IVA. La persona de menos ingresos es forzado por necesidad a gastar toda su renta para bienes y servicios gravados.

Las columnas (3), (4) y (5) muestran que un IVA de 10% rinde $4,000 USD de ingresos pagados por el contribuyente relativamente rico. Los $4,000 USD componen 8% de sus ingresos. El contribuyente de pocos recursos no puede ahorrar nada, y por lo tanto paga $500 que representan el10% de su ingreso. El IVA es regresivo porque la persona pobre paga un porcentaje relativamente alto (10% vs. 8%). El origen de la regresividad es que el IVA grava todo el ingreso de la persona pobre, pero grava sólo una parte de la renta de la persona rica.

Latinoamérica ha implementado los consejos del BM para el IVA. El impuesto ha sido introducido en todos los países latinoamericanos. (Tanzi, 1996, p. 24; CEPAL, 2006, p. 192). Además la mayoría de los países incrementaron la tasa del IVA entre el tiempo que se impuso inicialmente y 1993 (Tanzi, 1996, Table 2.2, p. 25).

La preferencia por el IVA se reflejó en un crecimiento relativamente grande de los ingresos de este impuesto. Entre 1978 y 1988, los impuestos sobre la renta individual en Latinoamérica aumentó del 1.6 al 1.7 % del PIB, un 6.25 % de incremento. Los ingresos del IVA incrementaron del 1.9 al 2.7% del PIB, un 42 % de incremento (Tanzi, 1996, Tabla 2.1, p. 21).

Impuesto sobre la Renta Personal

Análisis económico muestra que el impuesto sobre la renta personal es un impuesto progresivo. Es progresivo porque el que tiene el ingreso paga el impuesto, y porque las tasas marginales del impuesto sobre bloques sucesivos de renta aumentan (Musgrave & Musgrave, 1989, p. 256).

El BM recomienda que se baje la tasa marginal máxima sobre el bloque más alto de Renta hasta 30–50%. Esta política es regresiva en el sentido de que lo hace el impuesto menos progresivo que antes.

Entre 1979 y 1991, el promedio de las tasas marginales máximas sobre la renta personal cayó de 48.1% a 35.4% en una muestra de 18 países latinoamericanos (Tanzi, 1996, Table 2.3, p. 26).

Impuesto sobre la Renta de Empresas

Análisis económico concluye que en general los dueños de empresas pagan este impuesto (Musgrave & Musgrave, 1989, p. 265). Si el empresario maximizaba las ganancias antes del impuesto, no puede mejorar sus ganancias por elevar el precio y así reducir las ganancias. Puesto que se expresa el impuesto como X por ciento de las ganancias, la empresa gana más por tener la ganancia máxima. Con una tasa de 25%, es mejor quedar con 75% de $1,000,000 que 75% de menos que $1,000,000. Esta conclusión queda bajo condiciones tanto de competencia como de monopolio.

El Impuesto sobre la Renta de Empresas es progresivo porque los dueños que reciben las ganancias son relativamente ricos. La recomendación del BM es reducir la tasa máxima del impuesto sobre la renta empresarial a la tasa máxima del impuesto sobre la renta personal. La recomendación es regresiva en el sentido que la disminución de la tasa máxima hace el impuesto menos progresivo. En América Latina entre 1980 y 1991, la promedia tasa sobre la renta de empresas disminuyó desde 43.5% a 36.3% (Tanzi, 1996, Table 2.4, p. 27).

Impacto de Regresividad sobre el Proceso de Desarrollo

Las recomendaciones del BM contienen elementos altamente regresivos. El impacto de los elementos regresivos deja a los pobres con menos ingresos disponibles para satisfacer sus necesidades básicas en el mercado privado. Esto demora el desarrollo de su productividad y su capacidad de incluirse más plenamente en el proceso de desarrollo. Se considera el impacto sobre el proceso de desarrollo de aumentar los ingresos en el apartado que sigue.

¿La Segunda Opción Mejor?

No cabe duda que el BM está plenamente consciente de que impuestos regresivos obstaculizan la satisfacción de las necesidades básicas y la implementación de un proceso de desarrollo incluyente. Sus tentativas de reducir la regresividad del IVA sugieren esto. Sin embargo el BM argumenta que, dado la extrema desigualdad de América Latina, sus consejos son la "Segunda Opción Mejor" lo que quiere decir que las recomendaciones del BM son lo mejor que se puede hacer en el contexto de la desigualdad.

La base lógica de la estrategia del BM es que la historia enseña que es imposible imponer impuestos progresivos en América Latina. La extrema desigualdad económica de América Latina crea una desigualdad de poder político, y, con esto la capacidad de obstaculizar cualquier intento de imponer tributación progresiva. La historia lo confirma: Se ha tratado muchas veces de imponer impuestos progresivos y todos los intentos han fracasado. Algunas veces se han legislado impuestos progresivos, pero ha sido imposible aplicar las leyes. Entonces, según el pensar del BM, la política más efectiva es abandonar los intentos de imponer la tributación progresiva, enfocarse en aumentar los ingresos tributarios y en gastarlos para satisfacer las necesidades básicas. Thirsk escribe:

> Parece que hay un reconocimiento creciente de la idea que el sistema tributario en su totalidad puede ser un vehículo extremadamente malo para redistribuir el ingreso. Ningunos de los países estudiados han generado una distribución progresiva de los gravámenes tributarios por imponer un programa de tasas tributarias progresivas. Si los países en vía de desarrollo no pueden hacer que impuestos progresivos sobre la renta funcionen efectivamente (por evasión, dificultades de contabilidad, largas demoras de recaudación, y otros problemas de aplicación), lo más sabio puede ser el buscar un eficiente sistema indirecto de impuestos y usar sus ingresos para financiar subsidios dirigidos a los pobres. (Thirsk, 1997, p. 15)

Tal vez las palabras más contundentes de esta cita sean "otros problemas de aplicación." El "otro problema" más tajante es la concentración de poder político que acompaña la extrema desigualdad de América Latina. En este contexto no se puede forzar a las oligarquías tributarse progresivamente.

Entonces, la estrategia será presentar a los poderosos un trato aceptable. El trato consiste en: se reduce la progresividad tributaria para los ricos, pero a la vez se requiere que todos ellos paguen sus impuestos. Sobre los pobres se imponen tributos más regresivos y se requiere que todos ellos también paguen sus impuestos. A la vez, se exige que la clase media pague más impuestos. Así se aumentan los ingresos tributarios. El paso final es gastar una buena parte de ellos para satisfacer las necesidades básicas.

¿Evaden los Ricos?

La Tabla 8.2 presenta un caso sencillo para dar una idea preliminar de los efectos de la recomendada reestructuración de impuestos sobre los incentivos de la oligarquía a evadir sus impuestos.

La tabla está dividida en dos partes. La parte superior (filas 1–11) trata el período antes de la reforma tributaria. La parte inferior (filas 12–22) trata el período después de la reforma. La primera fila de la tabla muestra las rentas de dos individuos, un pobre y un millonario. El pobre gana $2 USD al día, o $730 USD al año. Antes de la reforma se asume que la tasa efectiva sobre la renta (el porcentaje de la renta total pagado como impuesto) es de 40% y que la tasa del impuesto sobre la venta es de 8%. Después de la reforma, la tasa efectiva sobre la renta cae a 25%, y se implementa el IVA a una tasa elevada a 13%. Se ve en el Capítulo 9 que estas cifras coincidan con la experiencia de El Salvador.

TABLA 8.2 Incentivos Para Evadir Los Impuestos

		Pobre	Evasión = 0%	Evasión = 100%
Prereforma: Tasa Efectiva sobre la Renta = 40%; Impuesto sobre Venta = 8%				
1	Renta	$730	$1,000,000	$1,000,000
2	Impuesto sobre Renta	$0	$400,000	$0
3	Renta Neta (1 – 2)	$730	$600,000	$1,000,000
4	Consumo (50% de Renta Neta)	$730	$300,000	$500,000
5	IVA	$58.40	$24,000	$0
6	Ahorros (50% de Renta Neta)	$0	$300,000	$500,000
7	Interés (6%)	$0	$18,000	$30,000
8	Renta Neta (1 – 2 – 5 + 7)	$671.60	$594,000	$1,030,000
9	**Razón de Desigualdad**			**1534**
Posreforma: Tasa Efectiva sobre la Renta = 25%; IVA = 13%				
10	Renta	$730	$1,000,000	$1,000,000
11	Impuesto sobre Renta	$0	$250,000	$0
12	Renta Neta (10 – 11)	$730	$750,000	$1,000,000
13	Consumo	$730	$375,000	$500,000
14	IVA	$94.90	$48,750	$0
15	Ahorros	$0	$375,000	$500,000
16	Interés (6%)	$0	$22,500	$30,000
17	Renta Neta (10 – 11 – 14 + 16)	$635.10	$723,750	$1,030,000
18	**Razón de Desigualdad**		**1140**	**1622**

La fila 8 muestra que si el millonario evade a todos sus impuestos antes de la reforma, y si gana un interés de 6% sobre sus ahorros de $500,000 USD, queda con un impuesto neto de $1,030,000 USD al fin del año. La fila 17 muestra que si la reforma elimina su evasión, su ingreso neto cae a $723,750 USD, pero si sigue evadiendo, su ingreso permanece a $1,030,000. Consiguientemente, la evasión aumenta la renta neta del rico en $306,250, nada menos que 42%. Claro, el rico tiene un incentivo económico fuerte para evadir los impuestos.

Las filas 9 y 18 muestran la Razón de Desigualdad que iguala el ingreso neto del millonario y el del pobre. La fila 9 muestra que antes de la reforma tributaria, y asumiendo 100% de evasión, el ingreso millonario es 1,534 veces más grande que el del pobre. La fila 18 muestra que si se elimina la evasión, la Razón de Desigualdad cae a 1,140. La razón disminuye por 35%. El millonario pierde superioridad económica y social, y por esto disminuye su influencia política y sus privilegios.

Por otra parte, si el millonario sigue evadiendo los impuestos, la Razón de Desigualdad sube desde 1,534 a 1,622. El millonario no sólo preserva sus privilegios, sino también los aumenta. La fuente del aumento es el pago de más IVA de parte del pobre.

Claro, después de la reforma tributaria queda un incentivo bastante fuerte para que el rico siga evadiendo los impuestos. La eliminación de la evasión pone en riesgo el tradicional orden económico y social. ¿Por qué no usar los previos extremos desigualdad y control político para continuar la evasión de los impuestos y así fortalecer el orden establecido? El supuesto del BM de que una disminución de la tasa máxima marginal sobre la renta va a reducir la evasión de parte de la oligarquía parece ingenuo.

¿Más Ingresos?

La Tabla 8.3 mide el impacto de la reforma sobre los ingresos tributarios recibidos por el gobierno. Los ingresos tributarios son simplemente las sumas de impuestos pagados en la Tabla 8.2.

Claro la eliminación de la evasión del millonario genera un aumento fuerte de ingresos tributarios y, de este punto de vista, sería muy deseable. Si comparamos la fila 5 con la 11 observaremos que la eliminación de la evasión aumenta los ingresos tributarios totales desde $58.40 antes de la reforma tributaria a $298,844.90 después de la reforma.

Desgraciadamente, el caso más probable es que la evasión continúe después de la reforma por los fuertes incentivos económicos para hacerlo. En este caso, se ve un aumento pequeño de ingresos tributarios desde $58.40 a $94.90. La diferencia viene del pago de la tasa elevada del IVA de parte del pobre.

Esto no quiere decir que la reforma tributaria no puede elevar significativamente los ingresos tributarios en el caso de la evasión. La manera

TABLA 8.3 Ingresos Tributarios

		Pobre	Evasión = 0%	Evasión = 100%
Prereforma: Tasa Efectiva sobre la Renta = 40%; Venta = 8%				
1	Renta	$730	$1,000,000	$1,000,000
2	Impuesto sobre Renta	$0	$400,000	$0
3	IVA	$58.40	$24,000	$0
4	Ingresos Tributarios	$58.40	$424,000	$0
5	**Ingresos Totales**		**$424,058.40**	**$58.40**
Posreforma: Tasa Efectiva sobre la Renta = 25%; IVA = 13%				
7	Renta	$730	$1,000,000	$1,000,000
8	Impuesto sobre Renta	$0	$250,000	$0
9	IVA	$94.90	$48,750	$0
10	Ingresos Tributarios	$94.90	$298,750	$0
11	**Ingresos Totales**		**$298,844.90**	**$94.90**

de elevarlos es aumentar el número de contribuyentes de las clases media y baja. En este caso, un aumento de ingresos, aunque perezca positivo en sí, representa un gravamen más penoso sobre las clases relativamente necesitadas.

¿Más Gastos?

La estrategia del BM es enfocarse en elevar los ingresos tributarios y en gastar una gran parte de esos ingresos adicionales para satisfacer las necesidades básicas. La duda que surge inmediatamente en el contexto de la extrema desigualdad latinoamericana es: ¿si no se puede gravar a los ricos progresivamente, cómo se puede obligarles a gastar ingresos tributarios para satisfacer las necesidades básicas de los pobres? La cuestión se agudiza si la reforma tributaria exacerba la desigualdad. ¿Tienen los ricos una buena voluntad con respecto a gastos que no tienen con respecto a impuestos? ¿No preferirían gastar una parte mínima de sus ingresos adicionales para tranquilizar a los pobres, y gastar la mayor parte de manera que sierva directamente a sus propios intereses?

Datos empíricos apoyan esta duda. Una revisión de las reformas tributarias de Latinoamérica que hizo el Banco Interamericano de Desarrollo (BID) y que publicó en 1996, encontró que a pesar de "la urgente necesidad" de incrementar gastos para satisfacer las necesidades básicas, no se lo ha hecho:

> Reformas recientes buscaron mejorar la recolección de impuestos incrementando la neutralidad del sistema tributario, complementándolo con una reforma en gastos gubernamentales para satisfacer más eficientemente las necesidades de los grupos más pobres. A pesar de ello, las reformas en el gasto público se han quedado atrás, y de hecho la intervención del Estado para la equidad en Latinoamérica podría ser seriamente cuestionada. (Inter.-American Development Bank, 1996, p. 7)

De modo parecido, el BM encontró que "entre mediados de los 1980s y mediados de los 1990s, el gasto público en educación y salud se incrementó en un gran número de países con bajos ingresos pero de manera lenta" (World Bank 2001, p. 82). Además, dentro de cada uno de esos sectores, el gasto con frecuencia benefició más a los ricos que a los pobres (World Bank 2001, p. 80). En 1993, sólo un 9% del presupuesto nicaragüense para la educación benefició al sector más pobre de la población, mientras que el 40 % de ese presupuesto benefició al sector más rico (World Bank 2001, Tabla 5.1, p. 80).

CONCLUSIÓN

Para solucionar la crisis financiera causada por demoras en las deudas externas de los gobiernos de países en vía de desarrollo, el BM adoptó como objetivo primario para los sistemas tributarios el aumentar los ingresos tributarios tan rápido como fuera posible. La estrategia para lograr el objetivo tiene dos partes: (1) reestructurar los impuestos para que sean más regresivos, y (2) aumentar el número de contribuyentes.

Los consejos de reestructuración del BM se fundaron en el supuesto de que es imposible establecer un sistema tributario progresivo en América Latina. Por eso, el BM recomienda que se disminuyan las máximas tasas marginales de los impuestos sobre la renta para desanimar la evasión de parte de los ricos. Otro consejo es hacer al IVA la fuente principal de ingresos tributarios.

Para aumentar el número de contribuyentes, el BM recomienda una variedad de cambios que incluyen reformas administrativas y legales, la eliminación de exenciones y la implementación de sistemas computarizados. También el BM supuso que impuestos más regresivos disminuirían la evasión, especialmente por parte de los más ricos.

Parece dudoso que el gravar menos a la oligarquía reduzca la evasión de sus impuestos porque quedan fuertes incentivos económicos, sociales y políticos para continuarlo. Si la evasión de los ricos sigue, se hace el sistema tributario todavía más regresivo en el nivel más alto de ingresos, y esto solidifica la desigual estructura socio-económica que ha sido una raíz de la exclusión de los pobres en la participación en los procesos de producción. Sin intentarlo, puede ser que el BM ha presentado a las oligarquías una gran oportunidad de agudizar la destructiva estructura socio económica del pasado, y por esto ha demorado la implementación de un proceso de desarrollo incluyente en un largo plazo.

Los que ponen en práctica las políticas—incluso el BM—deben reevaluar con mucho cuidado el supuesto clave de que no se puede gravar progresivamente a la oligarquía. ¿Qué habría pasado con los negros de los Estados Unidos si el Dr. Martin Luther King hubiera abandonado el viaje difícil y largo de combatir el racismo tradicional de los caucásicos? ¿Qué habría pasado con el progreso económico si los miles de inventores hubieran abandonado sus búsquedas porque nunca lo habían hecho antes?

La implementación oportuna de un proceso de desarrollo incluyente requiere la tributación progresiva. La extrema desigualdad y pobreza que afligen a América Latina justifican todavía más la tributación progresiva. ¿Cómo podemos abandonarlo?

La política más razonable es comenzar con los cambios constructivos que ha recomendado el BM, y partir de ahí. Por ejemplo, muchas reformas que aumentan el número de contribuyentes y algunos cambios administrativos, sí pueden mejorar el sistema tributario.

Para avanzar, se debe cambiar de objetivo primario del sistema tributario. La crisis financiera ha pasado y ya no se justifica el objetivo de aumentar ingresos tributarios tan rápido como fuese posible mediante una tributación regresiva. La pobreza y la desigualdad siguen causando gran miseria en toda Latinoamérica. El objetivo primario debe ser el de remediar la desigualdad y pobreza de América Latina por instituir un proceso de desarrollo incluyente.

Para lograr este objetivo de una manera oportuna se deberían reestructurar los impuestos para hacerlos más progresivos. Se puede comenzar por atacar la evasión de parte de las oligarquías. Además se debe renovar presiones para hacer los impuestos más progresivos. La manera más obvia de hacer esto es elevar las máximas tasas marginales de los impuestos sobre la renta. También se puede pensar en instituir otros impuestos más progresivos. El Capítulo 9 sugiere la institución de impuestos nacionales sobre el patrimonio, las donaciones, y las herencias.

Como se elevan los ingresos por medio de tributación progresiva debería enfocarse en aumentar los gastos para satisfacer las necesidades básicas. Esto requiere la entrega efectiva de servicios como se planteó en los Capítulos 3 y 4.

No cabe duda que los Políticos Latinoamericanos están en una situación sumamente difícil. Les toca el papel de combatir siglos de tradiciones en que los gobiernos han servido los intereses de las oligarquías antes de considerar el bien común. El éxito depende de recibir mucho apoyo. La fuente primera y más importante de este apoyo es la participación activa de Ciudadanos/Clientes que elijan a los gobernantes y que les expresan su Voz. Otra fuente importante es el apoyo de instituciones internacionales como el BM que condicionan su ayuda en el cumplimiento de su misión. En el Capítulo 10 se explicará el papel de los países desarrollados y el condicionamiento de su ayuda internacional.

APÉNDICE A: OBJETIVOS SECUNDARIOS

Hemos visto que el objetivo primario de los consejos tributarios del BM es aumentar los ingresos rápidamente para aliviar la crisis financiera. El BM también adoptó varios objetivos secundarios de la lista de Requisitos para una buena estructura Tributaria. Este apartado trata dos ejemplos importantes, la equidad y la eficiencia tributaria. El BM diseñó su política tributaria que maximizara los ingresos, y después buscó la equidad y la eficiencia en la política ya diseñada. Al hacerlo, el BM redefinió y limitó los significados tradicionales de los términos y dio una impresión exagerada de la equidad y eficiencia de sus recomendaciones.

Equidad

Los economistas definen dos tipos de equidad tributaria. La primera, denominada Equidad Horizontal, significa que todas las personas con la misma renta pagan impuestos iguales. La segunda, la Equidad Vertical, significa una distribución equitativa de los impuestos entre quienes tienen distintos niveles de renta. Un sistema equitativo de tributación tiene tanto la Equidad Horizontal como Equidad Vertical.

Equidad Horizontal

Disminuir las tasas marginales máximas de los impuestos sobre la renta supuestamente reduce la evasión y así ayuda asegurar que todos con la misma renta paguen el mismo impuesto. Reformas administrativas que mejoran la aplicación de la ley tributaria tienden a tener el mismo efecto. Asimismo, las retenciones estimulan pagos oportunos y reducen la evasión. La eliminación de exenciones del impuesto sobre la renta también ayuda a que todas las personas con el mismo ingreso paguen el mismo impuesto. Así, se encuentra que las recomendaciones para elevar los ingresos tributarios también mejoran la Equidad Horizontal.

Equidad Vertical

¿Qué de la Equidad Vertical? Aunque el IVA es una buena fuente de ingresos, también es un impuesto regresivo. El disminuir las máximas tasas marginales de impuestos sobre la renta disminuye la progresividad de estos impuestos. Así los consejos del BM violan el principio de la Equidad Vertical, pues aumentan los impuestos que gravan más a los pobres y disminuyen los impuestos de los más ricos.

La Equidad Vertical es sumamente importante en el contexto de la extrema desigualdad y pobreza de América Latina, y por la necesidad de un proceso de desarrollo incluyente. Reconociendo esto, el BM intenta a salvar algo de la Equidad Vertical a través de los ajustes del IVA y del Impuesto sobre la Renta de personas físicas

El BM aconseja que aquellos productos que los pobres consumen, como por ejemplo productos alimenticios en estado natural, sean exentos del IVA. También se aconseja que se impongan tasas relativamente altas sobre la venta de productos de lujo que son consumidos principalmente por los ricos (World Bank 1991, p. 6).

Sin embargo, hay desacuerdo dentro del BM sobre estos intentos de aliviar la regresividad del IVA. Thirsk argumenta que no se debe tratar de reducir la regresividad del IVA en esta manera "porque se complica la administración del IVA, y porque es un ejemplo de una mala estrategia con poca vinculación entre los instrumentos y los objetivos" (Thirsk, 1997, p. 21).

Una medida más para salvar algo de la Equidad Vertical es hacer un ajuste al Impuesto sobre la Renta de personas físicas. Se recomienda que se exente del pago de este impuesto a las personas que tienen ingresos muy bajos (World Bank 1991, pp. 60, 72).

Exenciones Ineficaces

El mismo BM declara que la política de eximir del IVA artículos consumidos por los pobres no ha funcionado bien en la práctica: "No parece que en ninguna de las reformas analizadas se haya logrado un éxito notable en reducir el gravamen de los impuestos indirectos sobre los pobres, aunque la mayoría de los países trata de reducir el gravamen del IVA sobre los pobres al eximir los artículos alimenticios básicos" (Thirsk, 1997, p. 24).

La recomendación de eximir del Impuesto sobre la Renta a quienes tienen ingresos muy bajos probablemente haya tenido poco efecto sobre la Equidad Vertical porque la mayor parte de los impuestos sobre la renta son pagados por los empleados del gobierno y trabajadores de grandes empresas, la mayoría de ellos no son pobres (World Bank 1991, p. 16). Los más pobres tienden a trabajar en el sector informal que no paga el impuesto sobre la renta.

Definición más Amplia de Equidad

Existe la tentación de interpretar la Equidad Horizontal y Vertical solamente en términos vagos de justicia. Es justo que todos con el mismo ingreso paguen el mismo impuesto, y es justo tener una distribución equitativa entre personas de distintas clases de ingreso. Un problema con esta interpretación es que la justicia es un concepto abstracto y vago que nunca ha recibido aceptación generalizada como un objetivo político.

En el contexto económico de Latinoamérica, el concepto tradicional de equidad debería ampliarse y concretarse para incluir un desarrollo más incluyente. La importancia de la Equidad Horizontal y Vertical es que dan a las mayorías pobres la oportunidad de conseguir una mejor vida mediante la plena participación en los procesos productivos. Las inequidades les roban esa oportunidad.

Conclusión

Entonces, la política del BM empeora la inequidad vertical de los sistemas tributarios de América Latina. Es injusto en el contexto Latinoamericano de extrema desigualdad y pobreza. Pero lo más serio es que al gravar más a los pobres se demora la implementación de un proceso de desarrollo incluyente porque se les quita más dinero de los bolsillos de los pobres y porque se reduce su capacidad de comprar los bienes y servicios básicos que necesitan para aumentar su productividad y participar plenamente en los procesos de producción. El enfoque del BM en la Equidad Horizontal, y sus intentos débiles de reducir el impacto negativo sobre la Equidad Vertical, dan una impresión exagerada de la equidad de sus consejos. Es una falacia el subtítulo repetido en la publicación de sus recomendaciones: "La reforma tributaria puede bajar el gravamen sobre los pobres" (World Bank 1991, pp. 6, 60). ¿De veras?

EFICIENCIA

Significado

Otro objetivo secundario de los consejos del BM es la eficiencia tributaria. Como en el caso de la equidad tributaria, el BM busca la eficiencia en sus recomendaciones ya establecidas para elevar los ingresos, y así termina redefiniendo y limitando el pleno significado del término

La eficiencia tributaria surge del hecho de que los impuestos imponen dos tipos de gravámenes sobre los contribuyentes. El primer tipo de gravamen es la cantidad de dinero que el contribuyente paga. El segundo se llama el "Exceso de Gravamen Fiscal." Este es el costo más allá del pago financiero de impuestos. El costo adicional surge del cambio de comportamiento debido a los impuestos. Por ejemplo, si el impuesto sobre la venta de medicinas causa que un pobre no compre medicina, se crea un Exceso de Gravamen Fiscal que incluye los sufrimientos que se derivan al prolongar la enfermedad.

Algunos economistas han desarrollado la Teoría de Tributación Óptima para identificar los sistemas tributarios que minimizan el Exceso de Gravamen. Varios análisis económicos concluyen que un sistema tributario eficiente tiende a ser *progresivo*: "El óptimo sistema de impuestos es progresivo"(Rosen, 2005, pp. 340–343). "Una interesante e importante característica de las reformas tributarias óptimas es que nunca establecen tasas uniformes de impuestos directos o indirectos" (Thirsk, 1997, p. 8).

De Tasas Uniformes a la Eficiencia

A pesar de que la Teoría de Tributación Óptima concluye que los impuestos uniformes no son eficientes, el BM recomienda tasas más uniformes en nombre de la eficiencia. Las medidas de hacer las tasas más uniformes incluyen las reducciones de las tasas máximas marginales de los impuestos sobre la renta, y la introducción del IVA con su base más amplia. ¿Cómo llegó el BM a la conclusión de que tasas más uniformes hacen el sistema tributario más eficiente cuando la Teoría de Tributación Óptima enseña que impuestos progresivos (con tasas diferenciadas) son eficientes?

El primer paso fue argumentar que no es práctico implementar las directivas de la Teoría de Tributación Óptima "porque se faltan la información, la capacidad administrativa y los requisitos políticos" (Thirsk, 1997, p. 10).

El paso segundo es argumentar que la experiencia de los países muestra que se puede *mejorar* la eficiencia de los sistemas tributarios a través de tasas tributarias más uniformes: "Todos los estudios a nivel nacional adoptan la regla básica de que se apoya la causa de eficiencia económica en patrones menos diferenciados de tasas de impuestos sobre percepciones" (Thirsk, 1997, p. 10).

¿Cómo? Algunas diferencias fueron causadas por "impuestos en cascada" que gravan el valor total de cada etapa de producción. Tal impuesto distorsiona precios y decisiones de consumidores arbitrariamente porque se grava un producto que tiene cinco etapas de producción cinco veces, y un producto que tiene dos etapas de producción solo dos veces.

Además, algunas exenciones de impuestos que intentaban estimular proyectos industriales eran inefectivas. Otras eran el resultado de la corrupción. "La mayoría de la falta de uniformidad tributaria observada antes de la reforma no era óptima" (Thirsk, 1997, p. 10).

El tercer paso es redefinir el concepto de eficiencia tributaria que signifique sólo la eliminación de "la subóptima y altamente deformante" diferenciación entre tasas tributarias. Por fin, en vez de requerir los impuestos progresivos que propone la Teoría de Tributación Óptima, la "eficiencia" del BM sólo elimina las diferencias en tasas que distorsionaban mucho las decisiones de los consumidores. De pronto los consejos para elevar los ingresos tributarios resultan no sólo "equitativos" sino también "eficientes."

La Política Correcta para lograr Eficiencia

Claro, el eliminar las diferencias tributarias que son "altamente deformantes" sí se es eficiente. Sin embargo se puede mejorar la eficiencia todavía más por instituir aquellas diferencias que recomienda la Teoría de Tributación Óptima. La política más correcta es eliminar las diferencias ineficientes *e instituir las diferencias tributarias eficientes.*

Viabilidad de Impuestos Óptimos

El BM descarta los impuestos progresivos que recomienda la Teoría de Tributación Óptima por ser imprácticos debido a la información, procedimientos administrativos y políticas que requieren. Sin embargo, Newbery and Stern (1987) encontraron que los datos necesarios son de hecho disponibles, y que sí se puede usarlos para identificar las óptimas reformas tributarias (citado en Thirsk, 1997, p. 9). Si ellos tienen razón, los requisitos de información y administración no son prohibitivos.

Definición más Amplia de Eficiencia

La interpretación normal del Exceso de Gravamen debe tomar en cuenta explícitamente la ineficiencia de excluir las mayorías de las poblaciones en la participación en los procesos de producción al no satisfacer sus necesidades básicas. Esta exclusión puede ser el "cambio de comportamiento" que tenga el impacto más negativo sobre el bienestar social. Uniformes tasas tributarias son ineficientes no sólo porque fallan en tomar en cuenta lo que dicta la Teoría de Tributación Óptima, sino también porque llevan a un sistema regresivo de impuestos que obstaculiza la satisfacción de necesidades básicas y la implementación de un proceso de producción incluyente.

CAPÍTULO 9

REFORMA TRIBUTARIA DE EL SALVADOR

Las reformas tributarias venideras deberán orientarse en promover la equidad.
—Claudino Pito del Banco Interamericano de Desarrollo

INTRODUCCIÓN

El Capítulo 8 analizó los consejos tributarios del Banco Mundial (BM) en términos de su impacto sobre el proceso de desarrollo. En 1989, El Salvador se embarcó en una profunda reforma tributaria de largo plazo que sigue las pautas de los consejos del BM. El propósito de este capítulo es presentar un caso examinando los resultados al cumplir con los consejos del BM. Específicamente, se analiza el impacto de la reforma tributaria de El Salvador sobre la creación de un proceso de desarrollo incluyente.

El apartado primero describe la reforma tributaria de El Salvador. El apartado 2 analiza el impacto de la reforma sobre el proceso de desarrollo. El capítulo termina con recomendaciones para la política tributaria del futuro en ese país.

REFORMA TRIBUTARIA

Sistema Tributario De El Salvador

La Tabla 9.1 describe los impuestos que han existido en El Salvador desde que la reforma tributaria comenzó en 1989. La columna (1) da los

Descentralización Para Satisfacer Necesidades Básicas, páginas 133–146
Desechor reservados respicto a cualquier forma de reproducción
© 2009 por Information Age Publishing

TABLA 9.1 Estructura Tributaria De El Salvador

(1) Impuesto	(2) Base
IMPUESTOS DIRECTOS	
Renta de Personas	Ingresos de personas naturales nacionales o extranjeras
Renta de Impresas	Renta de empresas nacionales o extranjera domiciliadas en el país
Patrimonio de Personas	Patrimonio que posean en el territorio salvadoreño personas naturales nacionales y extranjeras
Patrimonio de Empresas	Patrimonio que posean en El Salvado, las personas jurídicas nacionales y extranjeras
Transferencias de Propiedades	
Título Oneroso	Transferencias de derecho sobe bienes raíces entre personas
Título Gratuito	Bienes donados o dados en fideicomiso
Por Causa de Muerte	Transmisión de derechos de bienes por herencia y legados por causa de muerte
IMPUESTOS INDIRECTOS	
Importaciones	Mercaderías importadas
Exportaciones	Exportación de mercaderías y productos
Consumo de Productos	Impuesto selectivo sobre el consumo interno de productos como alcoholes y productos de tabaco.
Uso de Servicios	Pasajes Aéreos y Marítimos, Matrícula de Vehículos, etc.
Actividades Productivas y Comerciales	Licencias y permisos para ejercer actividades de producción y comercialización de bienes y servicios
Papel Sellado	Actos, contratos y obligaciones mediante el uso de la especie fiscal "Papel Sellado"
Timbres	Ventas tanto intermediarias como finales

Fuente: Ministerio de Hacienda de El Salvador, *Manual de Clasificación de Ingresos* (1987), pp. 1–25.

nombres de los impuestos, y la columna (2) describe la base sobre la que se impone cada impuesto. La Tabla divide los impuestos en dos categorías, Impuestos Directos e Impuestos Indirectos.

Impuestos Directos

Los Impuestos Directos son impuestos "establecidos de manera inmediata sobre las personas" (Ministerio de Hacienda de El Salvador, Glosario). Esta categoría incluye los impuestos sobre la renta de personas naturales y jurídicas (empresas), sobre el patrimonio de personas naturales y jurídicas, y sobre la transferencia de propiedades. Los impuestos sobre las trasferencias incluyen un impuesto sobre la transferencia de bienes raíces e impuestos sobre donaciones y herencias.

Impuestos Indirectos

Los Impuestos Indirectos son impuestos que "gravitan sobre los objetos de consumo o determinados servicios" (Ministerio de Hacienda de El Salvador, Glosario). El impuesto, Timbres, es un impuesto "cascada" sobre el valor total de todas las ventas, tanto de bienes y servicios finales como de intermedios. El Impuesto sobre el Valor Agregado (IVA) también es un impuesto sobre todas las ventas de bienes y servicios, tanto finales como intermedios, pero la base de este impuesto está limitada al valor agregado de cada etapa de producción. El IVA es equivalente a un impuesto general sobre la venta de bienes y servicios finales porque la suma de los valores agregados iguala el valor final del bien o servicio. Las bases de otros Impuestos Indirectos se explican por sí mismos.

Cambios

Estructura Tributaria

La Tabla 9.2 hace una lista de los cambios principales de la estructura tributaria de El Salvador desde 1989. La tabla muestra rebajas muy significativas de las tasas de los Impuestos Directos. La tasa maxima marginal del Impuesto sobre la Renta de Personas ha sido rebajada desde 60% a 30%, y nadie tiene que pagar más de un 25% de su renta. Se ha cambiado la estructura del Impuesto sobre la Renta de Empresas desde un rango de tasas con una tasa máxima marginal de 35% a una sola tasa de 25%. Los impuestos sobre el patrimonio, el impuesto sobre donaciones (Título Gratuito), y el impuesto sobre las herencias (Por Causa de Muerte) han sido totalmente eliminados.

Como se han disminuido las tasas de los Impuestos Directos, se han aumentado las tasas de los Impuestos Indirectos. Lo más importante es que se ha sustituido el impuesto Timbres por el IVA, y se ha aumentado la tasa del IVA desde 8% a 13%. Además, se han eliminado las exenciones del IVA a los bienes básicos—los frijoles, maíz blanco, arroz, frutas y verduras en estado natural, leche líquida, y medicinas. Se han introducido las Contribuciones Especiales FOVIAL sobre la venta del combustible y FOSALUD sobre la venta de los productos de tabaco, bebidas alcohólicas y gaseosas.

Otros cambios de los Impuestos Indirectos han sido la eliminación del Impuesto sobre las Exportaciones y a reducción de la tasa máxima sobre las importaciones. El propósito de los cambios sobre los impuestos al comercio exterior es fomentar el comercio internacional. Se eliminaron los impuestos Uso de Servicios y Papel Sellado para eliminar impuestos de poco rendimiento y así simplificar el sistema y librar la administración para dedicarse a recaudar otros impuestos más importantes.

TABLA 9.2 Cambios de Estructura Tributaria El Salvador

(1) Impuesto	(2) Cambio
IMPUESTOS DIRECTOS	
Renta	
Renta de Personas	Exención elevado de $1,750 a $2,630 De 24 niveles a 7 Tasa marginal máxima de 60% a 30% Tasa efectiva máxima a 25%
Renta de Empresas	Una tasa de 25%
Patrimonio	
Patrimonio de Personas	Eliminado
Patrimonio de Empresas	Eliminado
Transferencias de Propiedades	
Título Oneroso	
Título Gratuito	Eliminado
Por Causa de Muerte	Eliminado
IMPUESTOS INDIRECTOS	
Timbres	Sustituido por IVA
Impuesto Valor Agregado (IVA)	De 8% a 13%. Se eliminó la exención a frijoles, maíz blanco y arroz, frutas y verduras en estado natural, leche fluida y en polvo, y medicinas.
Comercio Exterior	
Importaciones	De 25 tasas distintas a 7 Tasa máxima de 290% a 20% Importación para bienes capitales de 5% a 1%
Exportaciones	Eliminado
Consumo de Productos	FOSALUD
Uso de Servicios	Eliminado
Papel Sellado	Eliminado
Contribuciones Especiales (FOVIAL)	Establecido a $0.20 por galón
Otros	Contribuciones Especiales sobre la venta de azúcar, etc.

Fuentes: Trigueros (sin fecha); Ministerio de Hacienda de El Salvador, *Ley de Impuestos Internos*

Número de Contribuyentes

Además de cambiar la estructura tributaria, el gobierno salvadoreño ha tomado pasos para aumentar el número de contribuyentes. Se han implementado numerosas reformas administrativas con objetivo de reducir la evasión de los impuestos. Estas reformas administrativas incluyen la introducción de un sistema de retenciones para el Impuesto sobre la Renta, el escribir nuevas leyes para cerrar lagunas jurídicas, el reducir el número de exenciones, el crear nuevas agencias de recaudación, el reorganizar agencias tributarias, y el informatizar operaciones (Trigueros, pages 5–8).

Implementación de los Consejos del BM

Claro, la reforma tributaria de El Salvador sigue las pautas de los consejos del BM. Reforma El Salvador tanto la estructura tributaria y el número de contribuyentes. Los cambios principales de la estructura consisten en hacer los impuestos sobre la renta menos progresivos, y de dar más énfasis a los impuestos sobre la venta, especialmente al IVA. El intento de aumentar el número de contribuyentes cumplen las recomendaciones del BM de hacer reformas administrativas y legales. Parece pues muy claro que los consejos del BM guió la reforma tributaria de El Salvador o directa- o indirectamente.

IMPACTO SOBRE PROCESO DE DESARROLLO

Medición de la Incidencia

La incidencia tributaria es la medida de la carga tributaria impuesta sobre personas de distintas clases de ingresos. En términos de satisfacer las necesidades básicas de los pobres, la cuestión importante es si la carga del sistema tributario es progresiva o regresiva.

La manera ideal de medir la incidencia tributaria es calcular el porcentaje de renta pagado por cada nivel de ingreso. Tales cálculos resultan en una tabla como la siguiente que estima la incidencia del sistema tributaria de los Estados Unidos para el año 1985. En la tabla, el nivel 1 de renta es el más bajo, y el nivel 5 es el más alto.

El medir la incidencia por construir tablas como la Tabla 9.3 es lo ideal, pero es difícil realizarlo en la práctica. Después de analizar desde una perspectiva teórica la incidencia de cada impuesto, se tienen que

TABLA 9.3 Incidencia Estados Unidos 1985

Nivel de Renta[a]	Tasa Efectiva de todos los impuestos (%)
1	33
2	39
3	47
4	50
5	55

[a] 5 = renta más alta

Fuente: Musgrave & Musgrave, 1989, Table 14-1, p. 243

obtener detallados datos empíricos para asignar los ingresos tributarios a cada tramo de ingreso. Normalmente estos datos no están disponibles en América Latina.

Existe un enfoque alternativo que no es ideal, pero es factible. Primero, se usa teoría económica para determinar si cada impuesto del sistema es progresivo o regresivo. Una conclusión útil de este análisis es que los Impuestos Directos son generalmente progresivos, y que los Impuestos Indirectos son generalmente regresivos.

El paso segundo es recoger los datos empíricos sobre los ingresos levantados por los progresivos Impuestos Directos y los regresivos Impuestos Indirectos. Si la mayoría de los ingresos provienen de Impuestos Indirectos, se considera que el sistema es regresivo. Si provienen de Impuestos Directos, se considera que el sistema es progresivo.

Este enfoque tiene sus límites. Por ejemplo, usando el enfoque sencillo, un aumento de los progresivos Impuestos Directos da la impresión de que el sistema se hace más progresivo. Sin embargo, la Tabla 9.3 indica que si la clase más rica evade los impuestos, y si las otras clases los pagan, el sistema puede hacerse regresivo en el rango superior de ingresos aunque los Impuestos Directos aumentan.

Incidencia Salvadoreña

La Tabla 9.4 muestra los ingresos tributarios de El Salvador por impuesto para los años pre-reforma (1990) y post-reforma (2006). La columna (1) hace una lista de los principales impuestos salvadoreños. Las columnas (2) y (3) enlistan para cada impuesto el ingreso y el porcentaje de ingreso total para 1990 y 2006. Estas columnas también dan en letras negras las sumas para los Impuestos Directos, los Impuestos Indirectos y los totales.

La Tabla 9.4 indica que, según el método sencillo de medir la incidencia, el sistema tributario de El Salvador ha sido y se mantendrá altamente regresivo. En 1990, 73.1% de los ingresos tributarios totales fueron obtenidos por los regresivos Impuestos Indirectos, mientras que sólo 27.7% fueron levantados a través de los progresivos Impuestos Directos. En 2006, los porcentajes fueron 67.5% y 32.5%, respectivamente. Para los dos años, más de 2/3 de los ingresos tributarios vinieron de los regresivos Impuestos Indirectos.

Se ve una ligera disminución de la regresividad del sistema tributario entre 1990 y 2006 en el sentido de que el porcentaje de los ingresos totales que provienen de los regresivos Impuestos Indirectos ha disminuido desde

TABLA 9.4 Ingresos Tributarios de El Salvador 1990, 2006 (Millones de Dólares)

(1)	(2) 1990		(3) 2006	
Concepto	Monto	%	Monto	%
DIRECTOS	123.5	27.7	837.3	32.5
1. Renta	97.1	21.8	818.7	31.8
2. Patrimonio	16.7	3.7	0	0
3. Transferencias de las Propiedades	9.7	2.2	18.6	0.7
INDIRECTOS	326.1	73.1	1735.8	67.5
4. Comercio Exterior	96.4	21.4	199.7	7.8
Importaciones	62.2	14	199.7	7.8
Exportaciones	34.2	7.7	0	0
5. Consumo de Productos	66.6	14.9	97.4	3.8
6. Uso de Servicios	6.9	1.5	0	0
7. Papel Sellado	1.3	0.3	0	0
8. Timbres	134.8	30.2	0	0
9. IVA	0	0	1362.5	53
10. Contribuciones Especiales (FOVIAL)	0	0	69	2.7
11. Ajuste por impuestos por Cobrar	–14.7	–3.3	0	0
12. Otros Impuestos Diversos	34.8	7.8	7.2	0.24
TOTAL	449.6	100[a]	2573.1	100

[a] Error debido a rondondear

Fuente: Banco Central de Reserva de El Salvador. *Ingresos Totales desde 1980.*

73.1% a 67.5%, y el porcentaje rendido por impuestos progresivos aumentó desde 27.7% a 32.5%.

El significado de este cambio depende mucho de la evasión. Si la clase económica más rica evade los impuestos, personas de otras clases económicas más bajas, incluso personas de pocos recursos, pagan los impuestos. En este caso, una tabla como la 9.3 mostraría regresividad en el nivel más alto de ingresos y la desigualdad se empeoraría.

Al final, la tabla muestra un aumento impresionante de ingresos tributarios totales desde $449.6 millones USD en 1990 a $2,573.1 millones USD en 2006. Esto implica un cambio promedio de 29.5% por año, y sugiere que el cumplir los consejos del BM en verdad aumenta los ingresos tributarios. Se trata este tema más a fondo en adelante.

Evasión

Un estudio realizado por la embajada de Estados Unidos concluyó que hay cuantiosa evasión de impuestos en El Salvador, principalmente del IVA y del Impuesto sobre la Renta (Citado en CIDAI, No. 1277, p. 15). Según el estudio, el gobierno salvadoreño sólo recaudaba el 61.1% del dinero del IVA y 41.3% del Impuesto sobre la Renta Empresarial.

El informativa semanal de la Universidad Centroamericana, *Proceso*, argumenta que los evasores son los grandes empresarios porque ellos son los agentes de retención fiscal. La micro y pequeña empresa son mayormente negocios de sobrevivencia que operan en el sector informal. Evaden poco porque no son agentes de retención y porque no se pagan impuestos en el sector formal.

Un mecanismo común que los grandes empresas usan para evadir los impuestos es el uso de dobles registros contables, uno real y otro que muestra menores transacciones comerciales (y menos IVA) y una ganancia más baja (CIDAI, No. 1278, p. 15). Si el gobierno quisiera descubrir el engaño, lo haría con facilidad. Solo necesitaría aplicar el sistema de cruce de información que consiste en cotejar las facturas que presenta la empresa que vendió con las facturas que presenta la empresa que compró. ¿Y por qué el gobierno no aplica el sistema de cruce? Porque el gobierno "está al servicio de los grandes empresarios" (CIDAI, No. 1278, p. 15).

El Capítulo 8 argumentó que los ricos tienen tanto el incentivo económico como el poder político para evadir los impuestos. Si los grandes empresarios son de hecho los evasores principales, entonces la Tabla 9.4 subestima la regresividad del sistema tributario y sobreestima la disminución de la regresividad.

La Tabla 9.3 refuerza este punto. Ahí vimos que se disminuyó la tasa máxima marginal del Impuesto sobre la Renta y que se eliminaron los impuestos sobre el patrimonio sobre las donaciones y sobre las herencias. Estos cambios deben beneficiar especialmente a los más ricos. Si además los más ricos no pagan el Impuesto sobre la Renta, es obvio que ha aumentado significativamente de la regresividad del sistema tributario en el importante rango más alto de ingresos a pesar del aumento de los Impuestos Directos indicados en la Tabla 9.4.

¿Crisis de Deuda Externa?

El objetivo del BM fue aumentar los ingresos tributarios de países en vía de desarrollo para resolver las crisis de la deuda internacional. ¿Hubo crisis de deuda externa en El Salvador? La Tabla 9.5 sugiere que la respuesta

TABLA 9.5 Indicadores de Deuda Externa

País	1980	1982	1984	1986	1988	1990	1992	1994
Deuda Externa Total entre Exportaciones de Bienes y Servicios								
El Salvador	71.1	150.1	161.9	143.5	180.4	171.6	135.1	93.4
México	250.1	311.5	291.3	422.7	309.1	238.8	238.6	228.1
Servicio Total de Deuda entre Exportaciones de Bienes y Servicios (Inclusive de Remesas de Trabajadores)								
El Salvador	7.5	13.6	21.6	32.2	18.3	16.7	13.9	14.5
México	47.8	56.8	52.1	54.2	48.2	25.9	44.3	33.9

Fuente: World Bank. *World Debt Tables 1990–91* and *1996.*

a esta pregunta sea que "No." La tabla hace una lista de dos indicadores cruciales de la capacidad de un país para pagar su deuda externa, la proporción de (Deuda Externa Total/Exportaciones) y la de (Servicio de Deuda/Exportaciones). Estas razones son dos indicadores de si un país gana divisas suficientes para pagar su deuda. Las exportaciones proveen las divisas necesarias para pagar las deudas, y las proporciones indican la parte de las divisas que se tiene que dedicar a amortizarlas.

¿Precisamente cuándo está un país en peligro de caer en demora? "Si la razón (Deuda Externa Total/Exportaciones) es mayor que 200, o si la razón (Servicio de Deuda/Exportaciones) es mayor que 40, se considera que hay gran presión sobre exportaciones para hacer los pagos de deuda y que queda poco capital para otras inversiones" (Franco, pp. 89–90).

La tabla muestra que las razones de El Salvador nunca excedieron estos criterios. El valor más alto de la razón (Deuda Externa Total/Exportaciones) fue de 180.4 en 1988, 20 puntos menor que el criterio de 200. El valor promedio de estas razones es de 138, más que 60 puntos menos que el criterio. El valor máximo de (Servicio de Deuda/Exportaciones) era de 32.2 en 1986, y el valor promedio de estas razones es sólo de 17.

Por contraste, México—un país que declaró una moratoria en los pagos de su deuda externa en agosto de 1982—tuvo una razón (Deuda Externa Total/Exportaciones) que excedió 200 en todos los años mencionados en la tabla, y su razón (Servicio de Deuda/Exportaciones) excedió el criterio 40 en 6 de los 8 años. El valor promedio de la razón mexicana (286.3) fue más del doble que la de El Salvador (138.4). El promedio de la razón (Servicio de Deuda/Exportaciones) de México para los años mencionados (45.4) fue 2.5 veces más grande que la de El Salvador (17.3). Los datos indican que El Salvador no fue forzado por una crisis de deuda externa a adoptar los consejos tributarios del BM.

Aunque El Salvador no estaba desesperado para aumentar ingresos para poder pagar una deuda externa, el gobierno sí necesitaba más ingresos para cumplir sus funciones normales. Históricamente, el esfuerzo tributario de El Salvador, medido por la razón (Ingresos Tributarios/Producto Interno Bruto), ha sido una de las razones más bajas de América Latina. En 2000, la razón igualó 10.2% en El Salvador, mientras que el promedio para toda Latinoamérica fue de 12.8% (Trigueros, Cuadra 1, p. 4). Para países industrializados, el promedio de la carga en 1985 era de 32% (World Bank 1991, Table 1, p. 16).

Por la otra parte, El Salvador experimentaba grandes necesidades de aumentar los gastos públicos y se necesitaba más ingresos para hacerlo. Las extremas desigualdad y pobreza del país indica que el gobierno ha estado bajo mucha presión a proveer más bienes y servicios básicos. También había necesidad de reconstruir la infraestructura pública después de la guerra civil que duró 12 años y que terminó en 1991. Parece que El Salvador adoptó los consejos del BM, no para evitar demoras en el pago de su deuda externa, sino que para proveer bienes y servicios públicos que el país necesitaba mucho. La contradicción es que adoptó la tributación regresiva recomendada por el BM para hacerlo.

Otra interpretación es que la oligarquía tomó la oportunidad ofrecido por el BM para solidificar su posición social y económica. El BM les ayudó legalmente reducir sus impuestos, posibilitar la transferencia de riquezas de generación a generación, e imponer más impuestos sobre las clases económicas más bajas. El consiguiente aumento de desigualdad aumenta a la vez su poder político y sus privilegios.

Ingresos y Gastos

Las columnas (2) y (3) de la Tabla 9.6 presenta la evolución de los ingresos tributarios y los gastos para la salud y la educación sobre los años 1980–2005. La salud y la educación sirven como representantes de todas las necesidades básicas. No cabe duda que los servicios de educación y la salud son claves para aumentar la productividad de los trabajadores. Dos limitantes de esta representación es que se excluyen otras necesidades básicas, y como se hizo notar el Capítulo 3, no se sabe el porcentaje de gastos para la salud y educación que benefician a los pobres. El Salvador adoptó el dólar como su moneda oficial en 2001, y puesto que la tasa de cambio era aproximadamente 9 colones por dólar, las cifras muestran una disminución fuerte en ese año.

La columna (4) muestra la razón, gastos para salud y educación entre ingresos tributarios. Se puede interpretar esta razón como una medida de "Esfuerzo para Satisfacer las Necesidades Básicas" (ESNB) en el sentido de que la razón muestra la fracción de ingresos tributarios gastada para proveer los servicios de salud y educación.

TABLA 9.6 Ingresos y Gastos para Necesidades Básicas 1980–2005

(1) Año	(2) Ingresos Tributarios	(3) Salud + Educación[a]	(4) (3) / (2)	(5) Δ% Ingreso	(6) Δ% Gasto
2005	2132.8	753.9	0.35	22.80%	10.35%
2004	1736.8	683.2	0.39	3.44%	5.79%
2003	1679.1	645.8	0.38	9.58%	–4.71%
2002	1532.3	677.7	0.44	10.45%	0.10%
2001	1387.3	677.0	0.49		
2000	12484.9	3353.2	0.27	6.49%	13.66%
1999	11723.8	2950.2	0.25	8.71%	7.68%
1998	10784.0	2739.9	0.25	4.79%	–23.83%
1997	10290.8	3597.3	0.35	–2.91%	11.58%
1996	10599.1	3224.1	0.30	5.31%	19.41%
1995	10064.5	2700.0	0.27	32.27%	22.48%
1994	7609.1	2204.5	0.29	25.32%	31.75%
1993	6071.5	1673.3	0.28	23.51%	36.66%
1992	4915.7	1224.4	0.25	19.34%	12.86%
1991	4119.2	1084.9	0.26	26.90%	13.78%
1990	3246.1	953.5	0.29	29.33%	14.76%
1989	2509.9	830.9	0.33	–4.30%	13.51%
1988	2622.8	732.0	0.28	2.69%	4.48%
1987	2554.1	700.6	0.27	–6.92%	13.48%
1986	2743.9	617.4	0.23	61.52%	13.47%
1985	1698.8	544.1	0.32	23.89%	10.28%
1984	1371.2	493.4	0.36	24.54%	15.44%
1983	1101.0	427.4	0.39	14.33%	3.39%
1982	963.0	413.4	0.43	–3.90%	–2.43%
1981	1002.1	423.7	0.42	1.29%	–3.84%
1980	989.3	440.6	0.45		
Promedio 1996–2005			**0.35**	**7.6%**	**4.4%**
Promedio 1990–1995			**0.27**	**26.1%**	**22.0%**
Promedio 1980–1989			**0.35**	**12.6%**	**7.5%**

[a] Millones de Colones, 1980–2000. Millones de Dólares, 2001–2005.
Fuente: International Monetary Fund. *Government Finance Statistics Yearbook, varios años.*

Las últimas tres filas de la columna (4) comparan el promedio del ESNB a distintos períodos de tiempo. Antes de la reforma (1980–1989) el promedio del ESNB igualó 0.35. Durante los primeros años de la reforma (1990–1996) el promedio cayó a 0.27, y después regresó a su nivel original de 0.35.

La casi constante razón ESNB de la Tabla 9.6 sugiere que la práctica del gobierno salvadoreño ha sido y queda la de gastar un porcentaje más o menos constante de los ingresos tributarios para la salud y la educación. Si los ingresos aumentan, los gastos aumentan; si los ingresos disminuyen, los gastos disminuyen. La excepción es que cuando aumentaron los ingresos muy rápidamente (1990–1995), se dedicaron una proporción menor de ellos para satisfacer las necesidades básicas. Esto no da evidencia de un cambio de prioridades a favor de satisfacer las necesidades básicas para implementar un proceso de desarrollo incluyente.

¿Qué de los valores absolutos? La columna (5) muestra una racha de crecimiento de ingresos durante los primeros seis años de la reforma (1990–1995), pero la tasa de crecimiento disminuyó sustancialmente en los años siguientes (1996–2006). Las últimas filas de la tabla muestran que para los años 1990–1995, los ingresos crecieron a la tasa promedia de 26.1%, pero el promedio cayó drásticamente a 7.6% en los años siguientes. El crecimiento de 7.6% es menor que la tasa promedia antes de la reforma, 12.6%.

Si el crecimiento de los ingresos continúa a una tasa relativamente baja para el futuro, el efecto sobre los ingresos de largo plazo será pequeño o nulo. La reforma habrá creado sólo un aumento temporal de ingresos seguido por una disminución.

La columna (6) muestra el crecimiento porcentual de gastos para cada año. Igual que los ingresos, los gastos muestran un período de crecimiento rápido al comienzo de la reforma (1990–1995), y después la tasa de crecimiento disminuye sustancialmente. Las últimas filas muestran que los gastos crecieron un promedio de 22% durante los años 1990–1995, pero la tasa de crecimiento cayó a 4.5%, aún menos que la tasa de la pre-reforma, 7.5%.

Como en el caso de los ingresos, si el crecimiento de de los gastos sigue en un nivel bajo para el futuro, el efecto de largo plazo de la reforma será pequeño o nulo. Esto coincide con las investigaciones empíricas citadas en el Capítulo 8, que señaló que los gastos para la salud y educación han incrementado "de manera lenta."

La columna (6) da los aumentos de gastos en términos nominales, no en términos reales que toman en cuenta la tasa de inflación y la capacidad de un dólar de comprar servicios. Durante los años 1996–2005, los gastos para la salud y la educación crecieron un promedio de 4.5% por año, pero la tasa de inflación para la salud y la educación en El Salvador era un promedio de 4.5% y 9.23%, respectivamente (Banco Central de Reserva de El Salvador). Puesto que los precios subieron más rápido que los ingresos, el poder de compra disminuyó. En otras palabras, se han satisfecho menos necesidades para estos servicios.

CONCLUSIÓN

Siguiendo las pautas de los consejos del Banco Mundial (BM), El Salvador ha reestructurado sus impuestos y tomado pasos para aumentar el número de contribuyentes. La reestructuración incluye una disminución de las máximas tasas marginales de los impuestos sobre la renta hasta que la máxima tasa efectiva de los impuestos sea 25%. También el país ha instituido el IVA, que es un impuesto regresivo, y lo ha constituido la fuente principal de los ingresos. Para aumentar el número de contribuyentes, El Salvador instituyó un amplio rango de reformas que incluyen muchas reformas administrativas y legales, la eliminación de exenciones tributarias y la informatización.

El efecto de la reforma sobre la incidencia tributaria en El Salvador ha sido a lo mejor el de preservar un sistema tributario sumamente regresivo. La gran mayoría de ingresos tributarios siguen proviniendo de regresivos Impuestos Indirectos. La reforma disminuyó el porcentaje de Impuestos Indirectos ligeramente, pero este efecto puede ser anulado por la evasión tributaria de la oligarquía.

El BM tuvo la intención de reducir la evasión tributaria de parte de la oligarquía por reducir las máximas tasas marginales de los impuestos sobre la renta. Es bien dudoso que esto reduzca la evasión porque la oligarquía queda con un fuerte incentivo económico para evadir, y porque tiene el poder político hacerlo. Estudios empíricos indican que la evasión sigue. Si la oligarquía evade los impuestos, el sistema tributario se hace más regresivo en el importante nivel más alto de ingresos.

A lo mejor, el seguir los consejos del BM ha dejado a El Salvador con un sistema tributario extremadamente regresivo, y es posible que los consejos hayan hecho el sistema aún más regresivo que antes. La regresividad tributaria demora la satisfacción de las necesidades básicas y la implementación de un proceso de desarrollo incluyente.

Implementando los consejos del BM, el gobierno salvadoreño aumentó los ingresos impresionantemente durante los primeros seis años de la reforma, pero después la tasa promedia de crecimiento bajó a un nivel inferior a el de la pre-reforma. Puede ser que su efecto de la reforma de largo plazo sea pequeño o nulo.

El problema es que una buena parte de los ingresos tributarios provienen de las clases necesitadas. Esto disminuye su capacidad de compra de productos que satisfagan sus necesidades básicas y su participación en los procesos de producción. Se puede aumentar los ingresos tributarios sin resolver el problema de la desigualdad y pobreza, y sin instituir un proceso de desarrollo incluyente.

Los gastos para satisfacer las necesidades básicas de la salud y la educación, siguen el mismo patrón que los ingresos: crecieron durante los primeros seis años de la reforma, y después la tasa de crecimiento disminuyó a un nivel menor que el de la pre-reforma. Además los gastos disminuyeron en términos reales. Si el crecimiento bajo sigue, el efecto de largo plazo puede ser pequeño o nulo.

¿Qué queda si la reforma no aumenta ni los ingresos ni los gastos en el largo plazo? Nada más que un sistema económico más desigual y más difícil de reformar.

La política debe comenzar con los supuestos y el objetivo para el sistema tributario. Se debe rechazar el supuesto del BM que es imposible imponer impuestos suficientemente progresivos sobre los ricos de América Latina. Se debe cambiar el objetivo del sistema tributario de aumentar ingresos a instituir un sistema de desarrollo incluyente por medio de una tributación progresiva.

Una nueva reforma tributaria debe comenzar con un ataque en contra de la evasión tributaria de los más ricos. Otra reforma obvia es aumentar las máximas tasas marginales de los impuestos sobre la renta hacia el 50%. También se podrían reinstituir los progresivos impuestos nacionales sobre el patrimonio, los donativos y las herencias.

Los políticos de El Salvador no están exentos de las presiones que enfrentan sus colegas de otros países latinoamericanos. Les toca el papel de combatir siglos de tradiciones en que los gobiernos han servido los intereses de las oligarquías antes que considerar el bien común. Además tienen que combatir en un ambiente en que la defensa de los privilegios ha sido sumamente violenta.

El éxito depende de recibir mucho apoyo. Los Ciudadanos/Clientes tienen que apoyarlos con su voto y su Voz. El BM, en vez de profundizar la desigualdad de la estructura socioeconómica, tiene que condicionar su ayuda a una tributación más progresiva y a satisfacer las necesidades básicas rápidamente. El capítulo que sigue considera el papel de los países desarrollados y el condicionamiento de su ayuda internacional.

CAPÍTULO 10

DESCENTRALIZACIÓN DE LA AYUDA EXTERNA DE LOS ESTADOS UNIDOS

Los donantes deben fortalecer las relaciones cruciales entre políticos, proveedores y clientes

—Banco Mundial

INTRODUCCIÓN

El Capítulo 1 indica que muchos latinoamericanos están viviendo con menos de $2 al día (1985 US $ PPA). Muchos viven por debajo de esta línea de pobreza, pero innumerables más están viviendo poco encima de la línea con $3, $5 ó $10 al día. Los requisitos financieros para satisfacer las necesidades básicas que incorporan a todos los latinoamericanos dentro del proceso de desarrollo están sorprendentemente bajos (Capítulo 2). Sin embargo, dada la realidad política, los costos de satisfacer las necesidades básicas quedan un desafío por cualquier país en desarrollo. Esto llama la atención a la ayuda externa de los Estados Unidos para América Latina para satisfacer las necesidades básicas de los pobres, y para generar un proceso de desarrollo incluyente.

La ayuda externa de los países desarrollados para los subdesarrollados ha sido a veces un éxito espectacular, y en otras ocasiones un fracaso

Descentralización Para Satisfacer Necesidades Básicas, páginas 147–169
Desechor reservados respicto a cualquier forma de reproducción
© 2009 por Information Age Publishing

miserable. Por medio de estas experiencias, la comunidad internacional ha recorrido un largo camino para comprender las condiciones que hacen la ayuda externa más efectiva. El estudio y la experiencia enseñan que la efectividad de la ayuda externa puede ser incrementada enormemente por la selección de países receptores que sean capaces, y estén dispuestos, a usarla correctamente, y por la descentralización de la planificación y decisiones de gasto desde los donantes hacia los destinatarios de la ayuda.

El propósito de este capítulo es explorar maneras de hacer eficaz la ayuda externa en satisfacer las necesidades básicas de los pobres y en generar un proceso de desarrollo incluyente. En la primera sección del capítulo, se define el término "ayuda externa," y se presentan las cantidades de ayuda externa suministradas por los países desarrollados. Luego el Modelo de Entrega Efectiva de Servicios (Capítulo 3–4) está ampliado para abarcar ayuda externa y para derivar directrices para maximizar la efectividad de la ayuda en satisfacer las necesidades básicas de los pobres. Después, se describe y se evalúa el nuevo enfoque de la ayuda externa de los Estados Unidos—*The Millenium Challenge Account* (MCA)—en la luz del modelo. El capítulo concluye con una evaluación de la MCA y con recomendaciones para políticos.

¿QUÉ QUIERE DECIR "AYUDA EXTERNA"?[1]

Normalmente se asocia el término "ayuda externa" con la Asistencia Oficial para Desarrollo (AOD). Esto consta de subvenciones y prestamos que tienen un componente de concesión de al menos 25%, y que están normalmente dirigidos a los países más pobres. El enfoque de este capítulo está en la AOD para países subdesarrollados.

La AOD es subconjunto de la Finanzas Oficiales de Desarrollo (FOD) la cual consiste de todo el financiamiento que fluye desde los gobiernos de países desarrollados y agencias multilaterales hacia el mundo subdesarrollado. Parte de este financiamiento está a tasas de interés cercanos a las tasas comerciales.

Se puede dividir los dos tipos de ayuda en componentes bilaterales y multilaterales. La asistencia *bilateral* está administrada por agencias de gobiernos donantes tales como la USAID (*U.S. Agency for International Development,* Agencia para el Desarrollo Internacional de los Estados Unidos). La asistencia *multilateral* está financiada por agencias tales como el Programa de las Naciones Unidas para el Desarrollo (PNUD) y el Banco Mundial. De toda la AOD, aproximadamente, una tercia parte es multilateral y dos tercias partes son bilaterales.

Una parte de la ayuda bilateral está "ligada," es decir que se tiene que usarla para procurar bienes y servicios del país donante. Estudios han demostrado que la ayuda ligada reduce el valor de la asistencia por cerca del 25% mediante un aumento de precios de insumos.

CANTIDADES DE AYUDA OFICIAL PARA DESARROLLO

Compromiso

Cuando los gobiernos del mundo se reunieron en la Cumbre de la Tierra en Río de Janeiro en 1992, adoptaron un programa de acción bajo los auspicios de la Agenda 21 de las Naciones Unidas que incluyó el objetivo de dar 0.7% del Ingreso Nacional Bruto (INB) de las naciones ricas en forma de AOD. Las "naciones ricas" son los 22 miembros del OCED (Organización para Cooperación Económica y Desarrollo), conocida como el CAD (Comité de Ayuda para Desarrollo) (Shah, 1998).

Cantidades

La Tabla 10.1 indica las cantidades de AOD en US dólares actualmente dadas por los 22 países ricos de la OCED para los años 2004 a 2007. La tabla muestra que sólo los cinco países escandinavos alcanzan el objetivo de dar 0.7% del INB. En 2007, los Estados Unidos (EEUU) dió las mayores cantidades de ayuda en términos de dólares absolutos (casi dos veces la cantidad del segundo donador mayor, Japón), pero los EEUU y Grecia dieron la más pequeña cantidad en términos del porcentaje del INB. La ayuda de EEUU ha disminuido constantemente entre 2005 y 2007 tanto en términos de dólares como porcentajes. En 2004, 10% de la AOD de los EEUU ayudó América Latina (OECD, 2004b). De los primeros 10 receptores de la ayuda de EEUU, solamente dos son para América Latina: Colombia y Perú. El promedio de ayuda de EEUU para México durante 2005–2006 fue de $141 USD millones (OECD, 2008).

¿Cantidad Adecuada?

Una publicación reciente del UNICEF (*United Nations' International Children's Emergency Fund,* Fondo Internacional de Emergencia de las Naciones Unidas para la Infancia) estima que hay una financiación deficitaria del gasto público de $80 mil millones al año (a precios de 1995) para alcanzar un abastecimiento universal de servicios básicos, con $206-$216 mil millones requeridos y solamente $136 mil millones gastados (United Nations, 2000, Box 4.5, p. 79). Otros estudios han estimado que la

TABLA 10.1 Asistencia Oficial para Desarrollo (AOD), 2004–2007 (2007 USD millones)

		AOD				% de INB[a]			
	País	**2004**	**2005**	**2006**	**2007**	**2004**	**2005**	**2006**	**2007**
1	Noruega	2,701	3,014	2,954	3,349	0.87	0.94	0.89	0.95
2	Suecia	2,786	3,458	3,955	3,853	0.78	0.94	1.02	0.93
3	Luxemburgo	264	275	291	325	0.83	0.86	0.84	0.90
4	Dinamarca	2,165	2,175	2,236	2,302	0.85	0.81	0.80	0.81
5	Holanda	4,419	5,265	5,452	5,621	0.73	0.82	0.81	0.81
6	Irlanda	646	744	1,022	1,068	0.39	0.42	0.54	0.54
7	Austria	709	1,618	1,498	1,613	0.23	0.52	0.47	0.49
8	Bélgica	1,545	2,023	1,978	1,756	0.41	0.53	0.50	0.43
9	España	2,668	3,169	3,814	5,103	0.24	0.27	0.32	0.41
10	Finlandia	701	925	834	880	0.37	0.46	0.40	0.40
11	Francia	8,908	10,356	10,601	8,918	0.41	0.47	0.47	0.39
12	Alemania	7,711	10,241	10,435	11,048	0.28	0.36	0.36	0.37
13	Suiza	1,561	1,789	1,646	1,596	0.41	0.44	0.39	0.37
14	Reino Unido	8,332	11,186	12,459	8,839	0.36	0.47	0.51	0.36
15	Australia	1,638	1,743	2,123	2,145	0.25	0.25	0.30	0.30
16	Canadá	3,154	4,107	3,684	3,585	0.27	0.34	0.29	0.28
17	Nueva Zealanda	217	258	259	268	0.23	0.27	0.27	0.27
18	Italia	2,588	5,232	3,641	3,509	0.15	0.29	0.20	0.19
19	Portugal	1,101	392	396	359	0.63	0.21	0.21	0.19
20	Japón	8,108	12,323	11,187	7,824	0.19	0.28	0.25	0.17
21	Grecia	346	401	424	446	0.16	0.17	0.17	0.16
22	Estados Unidos	20,984	28,817	23,532	21,197	0.17	0.23	0.18	0.16

[a] INB = PNB – (Impuestos sobre Empresas)
Fuente: Shah

ayuda externa necesitará incrementarse por $40–100 mil millones al año. Se cita con frecuencia un cálculo moderado hecho por la Comision Zedillo de las Naciones Unidas. La Comisión ha estimado que se necesita gastar $50 mil millones más al año, un número que es consistente con el estimado del Banco Mundial (United Nations, 2003, p. 146). En el 2003, el DAC dio aproximadamente $69 mil millones en AOD. Para eliminar la financiación deficitaria, sería necesario duplicar aproximadamente esta ayuda. Si todos los miembros de la DAC darían el 0.7% de su PNB como AOD, la ayuda total sería aproximadamente tres veces del nivel actual (United Nations, 2003, Box 8.2, p. 146).

CRÍTICAS TRADICIONALES DE LA AYUDA ESTADOUNIDENSE

Los Estados Unidos ha sido criticado por dar una cantidad de AOD (0.16% del INB) que cae por debajo del objetivo acordado del 0.7% del INB. Segundo, aproximadamente el 80% de la ayuda estadounidense es bilateral, y un porcentaje muy alto de la ayuda bilateral (71.6% para el año 2000) está "ligado" a la compra de bienes y servicios de EEUU (OECD, 2004a). Tercero, un parcentaje alto de ayuda de EEUU se enfoca en alcanzar objectivos estratégicos en lugar de satisfacer las necesidades básicas de los pobres. Por ejemplo, dos tercios de la ayuda de EEUU van a Egipto e Israel. Tercero, un porcentaje alto de ayuda de EEUU se enfoca en alcanzar objetivos tercios de la ayuda de EEUU van a Egipto e Israel. Otra porción significativa está dirigida a la asistencia militar, la lucha contra el terrorismo y el combate contra drogas ilegales (Shah, 1998). Un problema asociado es que subvenciones para la agricultura y otros productos de EEUU, junto con las barreras de comercio internacional, más que contrarrestan los beneficios de ayuda por haber dañado los mercados en los países subdesarrollados, y por lo haber hecho más difícil para ellos superar la pobreza por exportar (Shah, 1998).

MODELO DESCENTRALIZACIÓN DE AYUDA EXTERNA[2]

La Figura 10.1 amplía el modelo Entrega Efectiva de Servicios por tomar en cuenta la ayuda externa. La figura tiene dos secciones mayores, donantes y destinatarios. Tres agentes de los países donantes están envueltos en la entrega de ayuda externa a los países receptores: (1) Contribuyentes (pagadores de impuestos) y Grupos de Interés, (2) Políticos y Administradores, y (3) Agencias de Ayuda. Observando las ayudas como un "bien público," Contribuyentes y Grupos de Interés demandan la ayuda externa a sus Políticos y Administradores. Los Políticos y Administradores diseñan una política de ayuda, imponen impuestos sobre los ciudadanos, y transfieren los ingresos tributarios a las Agencias de Ayuda que los manejen y distribuyen.

Dentro de los países receptores, hay tres categorías de agentes ya conocidos que manejen el uso de la ayuda externa: Pobres (Ciudadanos/Clientes), Políticos, Administradores, y Proveedores de Servicios. El sistema deberá operar como se describe en el Capítulo 3. Los Pobres expresan sus necesidades a los Políticos y Administradores quienes, junto con los Proveedores de Servicios, respondan por planificar un Pacto para entregar bienes y servicios básicos a los Pobres. Los bienes y servicios son entregados por Proveedores en consulta con los Pobres y con su participación. Los resultados de los Proveedores son monitoreados por los Pobres, los Administradores y las Agencias de Ayuda.

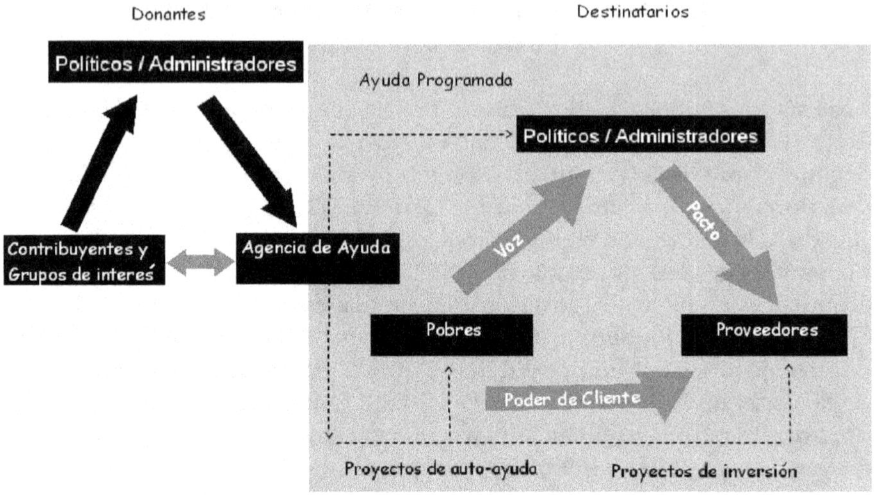

Figura 10.1 Modelo Descentralización de Ayuda Externa. *Fuente:* World Bank, 2004.

La figura muestra que los donantes pueden distribuir la ayuda externa a tres diferentes destinatarios: (1) se puede dar la "Ayuda Programada" directamente a los Políticos y Administradores; (2) se puede dar el dinero directamente a los Pobres para "proyectos de auto-ayuda" tales como caminos; (3) se puede entregar el dinero a los Proveedores de Servicios para "proyectos de inversión" tales como clínicas de salud o escuelas. Una cuestión importante es: ¿cuál es el destinatario más efectivo para satisfacer las necesidades básicas de los pobres?

Principios para Ayuda Externa Efectiva

¿Cómo puede la Asistencia Oficial para Desarrollo hacerse más efectiva en satisfacer las necesidades básicas de los pobres y en generar un proceso de desarrollo incluyente? El Cuadro 10.1 enlista seis principios derivados del modelo de la Figura 10.1 para maximizar la efectividad de la ayuda externa. La respuesta corta, dada en los principios 1–2, es: entregar el dinero a los países que tienen sistemas efectivos de entrega de servicios y permitirles gastarlo como quieran. Los principios 4–6 presentan maneras de reforzar los sistemas de entrega en países receptores. Las siguientes páginas explican en más detalle cómo se pueden implementar los principios.

Primer Principio: Seleccionar Bien a los Países Destinatarios

Sistema de Entrega Efectiva. El primer principio de ayuda efectiva es dar la ayuda a los países que ya tienen un sistema eficaz para la entrega de bienes y

CUADRO 10.1 SEIS PRINCIPIOS PARA AYUDA EFECTIVA

1. Seleccionar bien a los países destinatarios
2. Descentralizar la planeación y el gasto
3. Fortalecer la Voz de los Ciudadanos
4. Descentralizar la administración a los Proveedores de Servicios
5. Fortalecer el Poder del Cliente
6. Para los estados débiles, equilibrar servicios urgentes con fortalecimiento del sistema de entrega de servicios.

servicios básicos a los pobres. El Modelo Entrega Efectiva de Servicios indica lo que esto significa: los Pobres deberán tener Voz y Poder del Cliente; los Políticos y Administradores deberán estar dispuestos y ser capaces de responder a los Pobres por formular un Pacto efectivo. Los Proveedores deberán ser capaces de administrar proyectos en consulta con los Pobres. Deberá existir un sistema de monitoreo de los resultados y del uso de las evaluaciones para instituir mejoramientos continuos.

Cambio de Énfasis. Enfocarse en la calidad del sistema de entrega de servicios marca un cambio radical del enfoque tradicional de ayuda externa. En el enfoque tradicional, los donantes diseñan proyectos de desarrollo y establecen condiciones para asegurarse que el dinero sea gastado apropiadamente. Se cambia desde un enfoque en proyectos hacia un enfoque en sistemas, y desde el manejo de ayuda por agencias hacia el manejo por destinatarios.

Una razón para el cambio de énfasis es que la ayuda externa es "fungible." Esto significa que los gobiernos receptores pueden usar la ayuda financiera para reemplazar sus propios gastos. Por ejemplo, la ayuda para la educación puede ser usada para reducir sus propios gastos educativos. Se pueden reducir los impuestos, se puede trasladar el dinero desde la educación hasta otro sector, o se puede robarlo. El efecto neto en el gasto educativo puede ser pequeño, o de cero, o incluyente negativo (si el recorte en gastos del gobierno receptor es mayor que la cantidad de ayuda recibida).

Estudios empíricos encuentran que el impacto de ayuda externa sobre los gastos de gobiernos receptores por sectores tales como educación varía ampliamente entre los países (World Bank, 2003, pp. 61–74).[3] Un estudio sorprendente de 14 países subdesarrollados, encontró que el efecto neto de $1 de ayuda para la educación y salud fue una *reducción* neta en gastos de educación y salud de 6.5 centavos (World Bank, 2003, p. 69). Aquí, la ayuda para la educación y salud conduce hacia un *menor* gasto total para la educación y salud. En el otro extremo, un estudio de Indonesia concluye que de $1 en ayuda para la agricultura incrementa el gasto para la agricultura por 92 centavos.

En conjunto, el efecto neto de la ayuda externa sobre los gastos gubernamentales parece variar ampliamente y en maneras que son difíciles de predecir. La ayuda externa no es completamente fungible si los gobiernos receptores gastan menos en el sector ayudado que la cantidad de ayuda, pero esto es probablemente un caso excepcional. Casi todos los estudios concluyen que la ayuda externa es generalmente fungible, y normalmente muy fungible o completamente fungible. El Banco Mundial concluye que "la presunción más segura para los donantes es que los países receptores más o menos están financiando cualquier gasto que el gobierno decida hacer" (World Bank, 2003, p. 74). Dado que los gobiernos receptores están usando la ayuda para hacer los gastos que ellos prefieren, la mejor política es enfocarse no en financiar proyectos individuales, sino en financiar gobiernos que sean capaces y estén dispuestos a usar esa ayuda bien; i.e., los gobiernos que han construido sistemas efectivos de entrega de servicios.

Evidencia Empírica. Existen evidencias impresionantes que el ayudar a los países que tienen instituciones y políticas fuertes aumenta el impacto de la ayuda sobre la reducción de pobreza. Un estudio concluye que un incremento de $10 mil millones de AOD distribuido de acuerdo a la distribución existente de ayuda se podría levantar a 7 millones de personas de la pobreza. Sin embargo, si los $10 mil millones adicionales fueran reasignados para ayudar a los países con políticas e instituciones fuertes, se eliminaría la pobreza de 25 millones de personas (Collier y Dollar 1998, citados en World Bank, 1998, p. 46).[4] Seleccionar bien a los países incrementa el número de personas que superarían la pobreza casi al cuádruple.

Evidencia adicional está proporcionada por la experiencia del Banco Mundial. Los proyectos de inversión pública financiados por el Banco Mundial para, por ejemplo, caminos, electricidad y educación, fueron 86% exitosos en los países que tenían buena administración. En los países con políticas e instituciones débiles, la figura correspondiente fue de un mucho menor 48% (World Bank, 2003, p. 15). Seleccionando bien a los países, prácticamente se duplica la tasa de éxito de proyectos del Banco Mundial.

Esto no quiere decir que los países "bien administrados" estén perfectos. Casi por definición, todos los países en desarrollo tienen debilidades en sus sistemas de entrega de servicios. Por ejemplo, la Voz y el Poder del Cliente de los pobres son débiles en todos los países, tanto desarrollados como subdesarrollados. Por lo tanto, etiquetar a un país "bien administrado" no implica que no tenga lugar para mejorarse. Más bien, el primer principio establece que la ayuda puede ser *relativamente* eficaz en los países subdesarrollados que tienen *relativamente* fuertes sistemas de entrega de servicios. Es más probable que la ayuda sea desperdiciada en los países con relativamente débiles sistemas de entrega de servicio. Aun así, todos los países necesitan mejorarse. Los principios que siguen tienen la intención de ayudar a los países—tanto "fuertes" como "débiles"—mejorar su capacidad de satisfacer las necesidades básicas de los pobres.

Segundo Principio: Descentralizar la Planificación y el Gasto

Proporcionar Ayuda al Presupuesto General. Después de escoger bien a los destinatarios, el principio segundo de ayuda eficaz es dejar que los mismos receptores decidan la manera mejor de usar el dinero. El enfoque más eficaz es sencillamente proporcionar un apoyo al presupuesto general a países bien administrados y depender de ellos para planear y gastar el dinero en una manera que satisfaga todas las necesidades básicas que sea posible. Los países bien administrados conocen sus necesidades y circunstancias mucho mejor que las agencias de ayuda internacional, y están mejor capacitados para gastar el dinero efectivamente. De todos modos, el hecho de que la ayuda está fungible significa que los receptores de ayuda harán prácticamente lo que quieran con el dinero—ya sea directa o indirectamente. Las agencias de ayuda imponen múltiples condiciones en vano. Otra ventaja de ayuda al presupuesto general es que esto reduce los costos de transacción y libera a los receptores para invertir más tiempo y energía en satisfacer las necesidades básicas.

¿Qué garantía tienen los donantes de que el dinero no sea desperdiciado? La mejor garantía es que los países receptores estén bien administrados. Ellos tienen una historia de satisfacer efectivamente las necesidades básicas. Otra garantía proviene del monitoreo de los resultados (contrario a los insumos), y el uso de las evaluaciones como una base para decidir si los donantes continuarán la ayuda en el futuro. Idealmente, los resultados que sirven como la base de continuar la ayuda deberán incluir no solamente los logros en la entrega de bienes y servicios básicos, sino también logros en mejorar los sistemas de entrega.

Directamente a los Políticos y Administradores. El Banco Mundial argumenta que se refuerza el Pacto entre los Políticos y los Proveedores de Servicios de naciones en desarrollo por dar ayuda directamente a los Políticos y Administradores, y no a los Pobres ni a los Proveedores de Servicios (World Bank, 2004, pp. 204–206). Si no se entrega la ayuda a los Políticos y Administradores, ellos pierden el control de los gastos, y se pierden planificación y administración generales. Incoherentes asignaciones de gastos y coberturas desiguales siguen. Por ejemplo, si muchos donantes transfieren dinero directamente a los Proveedores para construir clínicas de salud, se podrán construir demasiadas clínicas a costa de otras necesidades más urgentes. También, si los Políticos y Administradores no han estado involucrados, el dinero y el personal requerido para operar las clínicas sobre el largo plazo (después de que se termine la ayuda) podrían faltar.

Curiosamente, al recomendar la entrega de ayuda directamente al gobierno, el Banco Mundial pasa por alto la teoría económica de finanzas públicas, la cual sugiere que la mejor forma de fortalecer el Pacto sería dar el dinero a los pobres. Esto fortalecería la Voz de los pobres por darles el dinero necesario para demandar los bienes y servicios públicos que necesitan, y para pagar los impuestos necesarios para financiarlos. Habiendo invertido su dinero en los bienes y servicios públicos, los pobres estarían intensamente interesados en asegurar su calidad, es decir el Poder del Cliente sería incrementado. Quizá el Banco Mundial ignora la teoría porque los donantes no estén dispuestos a financiar este enfoque. Si se da el dinero directamente a los Políticos y Administradores, se debe intensificar los esfuerzos para incrementar la Voz y el Poder del Cliente de los pobres (principios 3 y 5).

Tercer Principio: Fortalecer la Voz del Ciudadano

La Voz de los pobres en los países en desarrollo es por lo general extremadamente débil. En lugar de que los pobres expresen activamente sus necesidades a sus gobiernos y participen en construir estrategias para satisfacer las necesidades, ellos llegan a ser objetos pasivos de escasa—y a menudo mal informada—ayuda. ¿Cómo pueden usar los donantes la ayuda para fortalecer la Voz ciudadana?

Esta pregunta no tiene respuesta sencilla. Algunas veces, poderosos intereses particulares no quieren darles Voz a los pobres. Otras veces, los pobres no están acostumbrados a expresar sus necesidades. Tal vez su cultura les enseñe quedarse pasivos y silenciosos. No obstante, porque la Voz es tan importante en satisfacer las necesidades básicas efectivamente, los donantes han intentado fortalecerla de muchas maneras (World Bank, 2004, pp. 209–211).

Se ha condicionado la ayuda en haber establecido elecciones democráticas—en haber *cumplido*, no en haber *prometido*, la reforma. Se ha usado la ayuda para pagar una parte de los costos de elecciones libres, para enviar observadores de elecciones, y para proveer apoyo técnico a los administradores de elecciones. Los donantes han patrocinado foros para transmitir debates públicos en televisión y radio. Ellos han financiado más información oportuna a votantes y mayor uso de idiomas locales.

Otro enfoque de los donantes para fortalecer la Voz ha sido la promoción de procesos participativos en el desarrollo de estrategias para la reducción de la pobreza y en procesos presupuestarios. Los donantes han apoyado a los gobiernos que invitan a los donantes y a un amplio rango de la sociedad civil a participar en la revisión de planes para futuros gastos públicos. De la misma manera han apoyado gobiernos que presentan una estrategia de desarrollo nacional que está acordado por una gran parte de la población y que tiene prioridades sectoriales bien definidas.

Cuarto Principio: Dejar que los Proveedores Administren

Los donantes pueden afectar la administración de los Proveedores en países receptores en al menos tres maneras: fragmentar la ayuda dentro de un gran número de proyectos, escoger actividades y seleccionar insumos.

La fragmentación de ayuda dentro de un gran número de proyectos puede imponer costos de transacción muy altos sobre los receptores por causarles gastar grandes cantidades de tiempo y energía para satisfacer una multitud de diversas condiciones impuestas por los varios países donantes. En contraste, el combinar la ayuda de muchos donantes dentro de un sencillo paquete, o pocos paquetes, reduce los costos de transacción y libera a los receptores para invertir más tiempo y energía en satisfacer las necesidades básicas. Después de seleccionar los países bien administrados, es mejor permitirles usar sus habilidades para satisfacer las necesidades básicas.

Los donantes también pueden reducir la efectividad de la ayuda por distorsionar la selección de insumos y actividades. Por ejemplo, los donantes tienden a invertir demasiados recursos en entrenamiento, y compran mucho más asistencia técnica y vehículos que los Proveedores comprarían si ellos estuvieran administrando el dinero (World Bank, 2004, pp. 207–208). El resultado es que la efectividad de la ayuda está reducida. Dejar que los Proveedores administren los gastos también desarrolla su capacidad de hacerlo.

Quinto Principio: Incrementar el Poder de Cliente

La relación entre el Cliente y el Proveedor de Servicios tiende a ser débil en los países en desarrollo. Los donantes pueden mejorar el Poder del Cliente por consolidar los apoyos en un solo fondo y por distribuirlo transparentemente. Esto ayuda a los ciudadanos a monitorear el uso del dinero y a evitar la captura de los fondos por élites. Se debe incluir el monitoreo del impacto como parte integral de los proyectos de ayuda. El Pacto debe contener indicadores verificables que miden los resultados (no los insumos). Los donantes pueden promover el monitoreo de los Proveedores de parte de los Clientes usando un carnet en que los Ciudadanos califiquen la entrega de bienes y servicios básicos, y investigaciones que siguen cada etapa de los gastos públicos. Mecanismos transparentes deben señalar claramente las condiciones bajo las que un receptor pueda esperar un incremento o reducción en la ayuda.

Sexto Principio: Para Estados Débiles, Equilibrar Construcción de Sistemas con Satisfacción de Necesidades Urgentes

El último principio para la ayuda externa efectiva es extremadamente importante porque muchos países subdesarrollados no tienen sistemas fuertes de entrega de bienes y servicios básicos para los pobres. La Voz y el Poder del Cliente no son fuertes, sino débiles—a menudo, extremadamente débiles. Pactos son igualmente débiles no solamente porque la Voz y el Poder del Cliente no proporcionan datos suficientes, pero también porque muchos países subdesarrollados carecen de la capacidad o del deseo de planificar y administrar programas de necesidades básicas.

¿Cómo deben responder los donantes al hecho de que la mayoría de países en desarrollo tienen sistemas de entrega de servicios débiles? La respuesta corta es enfocarse en el mejoramiento de los sistemas de entrega, y restringir la asistencia financiera a satisfacer las necesidades urgentes para bienes y servicios básicos.

En los pocos países pobres que ya tienen un sector público eficaz en satisfacer las necesidades básicas, la tarea de la ayuda externa es clara: el simple apoyo presupuestario es probable lo más beneficioso. Pero es poco probable que sea beneficioso financiar más de lo mismo para los gobiernos en desarrollo que no son efectivos en proveer servicios públicos. Aquí, lo necesario es disminuir el énfasis en la ayuda financiera y reenfocarlo en construir un sistema efectivo de entrega de servicios.

Una manera de hacer esto es que las agencias de ayuda de países donantes usen su experiencia y sus estudios empíricos para ayudar los análisis domésticos de políticas, compartir experiencia técnica, entrenar agentes domésticos, y estimular debates políticos en la sociedad civil. En la mayoría de los casos estas medidas son de relativamente bajo costo, y así no haya contradicción con el principio de que la mayoría del financiamiento debería ir a los países pobres con fuertes sistemas de entrega.

El rol segundo de ayuda financiera para los países disfuncionales es satisfacer las necesidades urgentes de servicio en corto tiempo. Se pueden respaldar programas efectivos como OPORTUNIDADES de México, y gobiernos efectivos como las Presidencias Municipales Comunitarias de Tlaxcala, México. En otros casos, puede ser necesario sortear el estado y dar el dinero directamente a los pobres para proyectos de auto-ayuda o para agentes no estatales así como las Organizaciones No Gubernamentales (ONG). Los canales no gubernamentales para la entrega de servicios pueden jugar un papel muy importante a corto plazo, pero se debe ver esta forma de ayuda como una estrategia de transición que fortalezca la capacidad del estado a largo plazo. Apropiadamente administrada, la ayuda financiera para los agentes no gubernamentales puede alentar mejoramientos de los sectores públicos a través de efectos demostrativos de experimentación, innovación y evaluación. Como se desarrollen sistemas fuertes de entrega, los donantes pueden cambiar hacia apoyos para los presupuestos generales de los gobiernos centrales.

MILLENNIUM CHALLENGE ACCOUNT

Propósito

Instituye los Estados Unidos un sistema nuevo de proveer la AOD que impactará la satisfacción de las necesidades básicas y la generación de un proceso de desarrollo más incluyente. El nuevo sistema, llamado la *Millennium Challenge Account* (MCA), aumenta la cantidad de ayuda para países en desarrollo, pero también hace condicional la ayuda en el logro de ciertos resultados llamados "indicadores de ejecución" (*performance indicators*). Tres clases de indicadores intentan medir la calidad de: (1) el gobierno, (2) la satisfacción de las necesidades básicas y (3) la política macroeconómica. La MCA fue anunciada primero por el Presidente George W. Bush en Marzo del 2002, e fue implementada por primera vez en el 2004.

Cantidad de Ayuda

El Presidente George W. Bush pidió un incremento en la AOD sobre tres años resultando en un aumento anual de $5 mil millones para el año 2006 (Bush, 2004). Los $5 mil millones representan un aumento de casi 50% sobre los $12 mil millones de ayuda externa presupuestada para el año de 2002, y casi el doble la cantidad de ayuda enfocada estrictamente en el objetivo del desarrollo (Radelet, 2003, p. 171).

Descentralización

Otra innovación del MCA es que el enfoque nuevo descentraliza la planificación y el gasto. EEUU no impondrá condiciones para el gasto de la ayuda, aunque vamos a ver más adelante que el significado práctico de esta innovación queda para ser determinada. Los países receptores decidirán la mejor forma de gastar el dinero. La efectividad de sus esfuerzos serán juzgados por los resultados alcanzados (Marquis, 2004).

Administración

La MCA será administrada por una nueva corporación gubernamental llamada la *Millennium Challenge Corporation* (MCC). La MCC está encargada con apoyar estrategias innovadoras y con asegurar la responsabilidad para resultados contables. La MCC intentará optimizar la eficiencia en la contratación, la implementación de programas y el personal. La MCC estará supervisada por un Consejo de Directores (*Board of Directors*) compuesto por oficiales a nivel del Gabinete; el Secretario del Estado será el Presidente del Consejo. El Presidente de la MCC será propuesto por el Presidente de la nación y confirmado por el Senado. El personal estará formado por él de una variedad de agencias gubernamentales y no-gubernamentales.

Calificación para Beneficios

Indicadores

El primer criterio para recibir ayuda para el desarrollo es el ingreso per capita. Durante los años 2004 y 2005, los primeros años de operación de la MCA, el límite del ingreso es el de la *International Development Association* (IDA). Los países elegibles para hacer préstamos de la IDA deberán tener ingresos per cápita por debajo de $1,435; esta cifra es el criterio histórico para recibir asistencia del Banco Interamericano de Desarrollo (BID). Para 2008, el límite del ingreso per cápita aumentó a $3,595, el criterio para la clasificación como un "país de ingreso-medio-bajo" por el Banco Mundial.

Además del ingreso per capita, se usarán 16 indicadores de desempeño para seleccionar a los beneficiarios. Los indicadores intentan de medir la capacidad para el desarrollo por evaluar la calidad de gobernación, la satisfacción de las necesidades básicas ("inversiones en la gente") y el grado de libertad económica. Los indicadores específicos están seleccionados por causa de la calidad relativa y objetividad de los datos, cobertura del país, disponibilidad pública, y correlación con el crecimiento y la reducción de pobreza (MCC, August 12, 2008). Los indicadores (y las instituciones que los miden) son:

1. Gobernar Efectivamente
   - Libertades Civiles (*Freedom House*)
   - Derechos Políticos (*Freedom House*)
   - Voz y Responsabilidad (Instituto Banco Mundial)
   - Efectividad de Gobierno (Instituto Banco Mundial)
   - Dominio de la Ley (Instituto Banco Mundial)
   - Control de Corrupción (Instituto Banco Mundial)
2. Invertir en los Ciudadanos:
   - Tasas de Vacunación (World Health Organization)
   - Gastos Públicos de Salud como Porcentaje del PIB (World Health Organization)
   - Tasa de Cumplimiento de Educación Primaria de Niñas (UNESCO/ Banco Mundial)

   - Gastos Públicos de Educación Primaria como Porcentaje del PIB (UNESCO/fuentes nacionales)
   - Gestión de Recursos Naturales (CIESIN/YCELP)
3. Promover la Libertad Económica:
   - Días para Iniciar un Negocio (IFC)
   - Derecho a la Tierra y Acceso (IFAD/IFC)
   - Política de Comercio Internacional (*Heritage Foundation*)
   - Calidad de Reglamento (Instituto Banco Mundial)
   - Inflación (Fondo Monetario Internacional)
   - Política Fiscal (Fuentes Nacionales/Fondo Monetario Internacional)

Definiciones de Indicadores

Es evidente por sí mismo el significado general de algunos indicadores (gastos públicos en salud, inflación, etc.), pero otros necesitan clarificación. En la categoría de Gobernar Efectivamente, las Libertades Civiles se refieren a la libertad de expresión y creencias, y la independencia de la judicatura. Los Derechos Políticos otorgan derechos a la gente para participar libremente en los procesos políticos. La Voz y Responsabilidad se refieren a la libertad de los ciudadanos de participar en la selección de su gobierno. Efectividad del Gobierno mide la calidad de servicios públicos y de la independencia de presiones políticas. El Domino de la Ley refiere a la probabilidad de crimen, pero especialmente a la aplicación de contratos.

En la categoría de Invertir en los Ciudadanos, la Gestión de Recursos Naturales incluye no solo el cuidado del medioambiente sino también el acceso a mejorados servicios sanitarios y agua, y la mortalidad de niños entre 1–4 años de edad.

En la categoría de Promover la Libertad Económica, el Derecho a la Tierra y Acceso protege los derechos de propiedad. La Calidad de Reglamento mide el punto al cual las regulaciones impiden la formación y conducta de negocios. La Política de Comercio Internacional mide el compromiso a un comercio internacional libre. Una descripción más completa de los indicadores está disponible en el Internet (MCC, August 11, 2008).

Uso de Indicadores

Porque una calificación determinada simplemente por añadir los puntos de los dieciséis indicadores podría permitir que un desempeño excepcional en una categoría de indicadores superara el desempeño muy malo en otra, los países se calificarán como aceptables sólo si demuestran un compromiso en todas las tres categorías. Para lograr esto, un país tiene que superar la mediana de todos los solicitantes en la mitad de los indicadores en todas las tres categorías. Además, todos los solicitantes tienen que aprobar el indicador para la corrupción.

Debido a que las puntuaciones están correlacionadas con el ingreso, se hacen competencias separadas para los países con ingresos per cápita debajo de $1,735 y para aquellos cuyos ingresos estén entre $1,736 y $3,595. Este enfoque intenta de limitar tendencias contra los países de bajo ingreso. Todos los países sin excepción tienen que aprobar la prueba para el control de la corrupción, porque existe un enlace entre la responsabilidad financiera y el éxito (Bush, 2004).

Calificarse como país con desempeño superior no garantiza automáticamente el apoyo del MCA. El Consejo de Directores de la MCC hará una recomendación final al Presidente de la nación. El Consejo será guiado por la puntuación del país en los indicadores, pero también está autorizado para tomar en cuenta faltas de datos, rezagos, tendencias, y otra información pertinente incluyendo liderazgo. Para apoyos especiales de transición desde socialismo hacia economías de mercado, el Consejo puede identificar un pequeño número de países que apenas no califican como país de desempeño superior. En estos casos, se puede otorgar ayuda normal de desarrollo para que los solicitantes mejoren sus oportunidades en competencias futuras (Bush, 2004).

Después de que la MCC seleccione a los países que recibirán los fondos de la MCA, equipos de negociaciones de la MCC viajan a cada país receptor para reunirse con miembros del gobierno y la sociedad civil. Colaboran para llevar a cabo un plan, o Pacto, que detalla como cada país gastará los fondos de la MCA para incrementar su tasa de crecimiento y reducir la pobreza, así como las marcas de referencia para medir su progreso. Cada Pacto será revisado por el Consejo de Directores de la MCC. Una vez que sea aprobado, la ayuda será entregada a los receptores (Pan, 2004).

EVALUACIÓN

El problema humano fundamental tratado en este libro es como satisfacer las necesidades básicas de los pobres en un corto tiempo para que ellos puedan contribuir al proceso de desarrollo de acuerdo a su potencial, ganar un ingreso suficiente, y llevar una vida plena. La pregunta fundamental de este capítulo es: ¿En que medida contribuye la MCA a este objetivo? ¿Mejora la efectividad de la ayuda? ¿Proporciona una cantidad suficiente de dinero? ¿Cómo se puede mejorar la MCA? El propósito de esta sección es usar el Modelo Descentralización de Ayuda Externa para dar respuesta a estas preguntas.

Seleccionar Bien a los Países Receptores

Un objetivo de la MCA es hacer la ayuda externa más efectiva por seleccionar a los países receptores que la usarán efectivamente, y por descentralizar la planificación y las decisiones de gastos desde los donantes hacia los receptores. Para identificar a los países bien administrados, la MCC usa tres clases de indicadores (Gobernar Efectivamente, Invertir en los Ciudadanos, Promover la Libertad Económica), y requiere que los receptores alcancen una calificación por encima de la mediana en por lo menos la mitad de los indicadores de cada clase. Los receptores deberán también controlar la corrupción y tener un bajo ingreso per cápita.

No cabe duda que la MCC mide elementos que contribuyen al desarrollo en general. ¿Pero mide la MCC elementos que contribuyen al desarrollo *incluyente?* Más precisamente, ¿Tiene la MCC éxito en identificar los países que entregan efectivamente bienes y servicios básicos a los pobres?

¿Gobernar Efectivamente?

Las medidas de la efectividad de los gobiernos receptores en entregar bienes y servicios públicos a los Ciudadanos se presentan generalmente en la primera clase de indicadores, Gobernar Efectivamente. La calidad de Voz y Poder del Cliente (del Modelo Entrega Efectiva de Servicios) está medida en Libertades Civiles, Derechos Políticos, y Voz y Responsabilidad. La captura por élites está medida por el Dominio de la Ley y el Control de Corrupción. La efectividad del gobierno en la actual entrega de bienes y servicios públicos está medida por la Efectividad del Gobierno.

¿Hasta qué punto miden estos indicadores la calidad de administración en la satisfacción de las necesidades básicas, no de los ciudadanos en general, sino específicamente *de los pobres*? Para aprobar la prueba de administración, un país tiene que alcanzar una calificación por encima de la mediana para el Control de Corrupción y sólo dos más de los indicadores de gobernación. Los dos indicadores adicionales pueden ser el Dominio de la Ley y los Derechos Políticos. La ley pudo haber sido escrita por los adinerados y orientada hacia la preservación de sus intereses económicos a corto plazo. De modo parecido, los acaudalados podrían controlar el sistema político mediante propaganda, grupos de presión, sobornos y otros medios, aun cuando los pobres tengan el derecho de votar. Claramente, la satisfacción de los indicadores de Gobernar Efectivamente no garantiza que los pobres tienen fuertes Voz o Poder del Cliente, ni que el gobierno está efectivo en la entrega de bienes y servicios para ellos.

¿Invertir en los Ciudadanos?

Se mide la satisfacción de las necesidades básicas por los indicadores Invertir en los Ciudadanos. Hay dos indicadores para tanto la educación como la salud. El indicador Gestión de Recursos Naturales mide el acceso a servicios sanitarios y agua, y la mortalidad de niños entre 1–4 años de edad. Es cierto que estos servicios son cruciales para incorporar a los pobres en el proceso de desarrollo, pero un análisis más cuidadoso de los indicadores muestra que ellos no garantizan que sean los pobres que reciben los servicios.

Dos de los cinco indicadores son gastos públicos para la educación primaria y salud. Investigaciones del Banco Mundial han concluido que el gasto público para los servicios en países en desarrollo con frecuencia fallan en alcanzar a la gente pobre (World Bank, 2004, pp. 38–40). En Ecuador por ejemplo, casi 40% de todos los gastos públicos para la salud beneficiaron al 20% de la población más rica, mientras que menos del 10% de los gastos beneficiaron al 20% más pobre de la población (World Bank, 2004, Figura 2.5, p. 39).

Un país puede ser aprobado por satisfacer los requisitos para la educación o para la salud, pero no para ambas. Por ejemplo, el país puede satisfacer el requisito de Gestión de recursos y dos requisitos para la salud. Esto excluye de la consideración de tanto la educación como otros bienes y servicios básicos que pueden ser esenciales para incorporar a los pobres dentro del proceso de desarrollo tales como caminos, nutrición, vivienda y tierras.

Limitar los sectores también reduce la efectividad de la Voz. Los pobres podrán comunicarle claramente al gobierno una necesidad de caminos para transportar sus productos agrícolas al mercado, pero el gobierno podría ser forzado a responder: "Lo siento. Nosotros necesitamos suministrar servicios de salud para recibir ayuda externa."

¿Promover Libertad Económica?

Los indicadores para la Libertad Económica van más allá del Modelo Descentralización de Ayuda Externa y proponen asegurar la libertad para invertir y hacer negocios lucrativos en los países receptores. La primera condición para hacer negocios lucrativos es la estabilidad macroeconómica. Los indicadores que miden esto son la Inflación y la Política Fiscal que se concierne con el déficit fiscal. Se miden el grado de minimizar regulaciones costosas y papeleo por los indicadores Calidad de Reglamento y Días para Iniciar un Negocio. El Derecho a la Tierra protege los derechos de la propiedad privada. Otra condición benéfica para inversionistas foráneos es el requisito de libertad de comercio internacional. Es de notar que el libre comercio no es una exigencia a los donantes, sino a los países en desarrollo.

Mirando de nuevo los indicadores de Gobernar Efectivamente, vemos que ellos también ayudan a crear un ambiente que conduzca a la posibilidad de que los extranjeros hagan negocios lucrativos en los países en desarrollo. El Reglamento de la Ley ayuda a garantizar la protección de la propiedad privada, y el Control de Corrupción rebaja los costos. La democracia protege contra arbitrarias y costosas decisiones de dictadores.

Los indicadores de Libertad Económica implican un enfoque particular al desarrollo: trabajar a través del sector privado para hacer crecer la economía y dejar que la prosperidad resultante reduzca la pobreza. Aquí el sector privado abre nuevos negocios, contrata trabajadores y les paga un salario que se puede usar para la satisfacción de las necesidades básicas. Una nación más prospera tiene más recursos que se pueden gastar en educación, salud y otros bienes y servicios básicos.

Estudios empíricos respaldan el enfoque del sector privado, encontrando una correlación entre economías libres y disminuciones de pobreza. La *Heritage Foundation* construye un Índice de Libertad Económica (*Index of Economic Freedom)* basado en 50 variables. La edición 2001 del Índice concluye que "los países con la mayor libertad económica también tienen relativamente altas tasas de crecimiento económico de largo plazo, y son más prósperos que aquellos con menor libertad económica" (O'Driscoll et al., 2001, p. 1, citado en Pasicolan et al., 2002, "Why Economic Freedom is Paramount").

Que esta prosperidad se traduce en la satisfacción de más necesidades básicas está indicado por relativamente altas esperanzas de vida para la gente que vive en países más prósperos. Se puede recordar que una larga esperanza de vida es un resultado de haber satisfecho las necesidades básicas. Los países con ingresos per cápita mayor que $10,000 tienen una esperanza de vida promedia de 77.3 años; para los países con ingresos per cápita menor que $1,000, es de 56.0 años (World Bank, 2001, citado en Pasicolan et al., 2002).

¿Equilibrio?

El enfoque del sector privado hacia el desarrollo es bastante diferente de los enfoques implícitos en el Modelo Entrega Efectiva de Servicios. El modelo se enfoca en hacer efectivo el gobierno en suministrar bienes y servicios básicos a los pobres para que ellos puedan realizar su potencial y contribuir más al proceso de desarrollo. El enfoque del MCC es confiarles a los inversionistas privados la generación de trabajos. El enfoque del modelo es preparar a los pobres para tomar los trabajos.

Ambos enfoques tienen su mérito y ambos son necesarios. Sin embargo, usar solamente el enfoque privado podría tomar un tiempo largo (¿siglos?) para que la prosperidad general filtre hasta los más pobres de los pobres. En principio, mercados privados nunca suministrarán bienes y servicios públicos. Además, como vimos en el Capítulo 2, el impacto del crecimiento del PIB sobre la satisfacción de las necesidades básicas puede ser extremadamente variable dependiendo, por ejemplo, de la intensidad del empleo asociado con el crecimiento, y de si las ganancias son canalizadas hacia el remedio de la privación de los necesitados. Subvencionar negocios podría causar un desperdicio de fondos que podrían ser usados más fructíferamente para la satisfacción de las necesidades básicas. Es necesario alcanzar el equilibrio entre los dos enfoques que sea más efectivo en satisfacer las necesidades básicas de los pobres a corto tiempo.

Se puede argumentar que la mayor debilidad de la MCA es que resta énfasis en usar el sector público para entregar bienes y servicios básicos a los pobres. Hemos visto que los indicadores protegen ampliamente a los inversionistas del sector privado, pero no aseguran que el gobierno entregue suficientes bienes y servicios básicos a los pobres eficazmente.

La implicación para la política es que se debe fortalecer los indicadores para la entrega de servicios. Los Administradores podrán moverse en varios rumbos para llevarlo a cabo. Se podría incluir más indicadores en la categoría Invertir en los Ciudadanos tales como Esperanza de Vida, Índice de Desarrollo Humano, y otros estadísticas de pobreza y desigualdad utilizados en el Capítulo 1. Segundo, para calificarse para ayuda, se podría requerir desempeños por encima de la mediana para más que la mitad de los indicadores. Tercero, se podría buscar indicadores que garanticen que el sistema político esté trabajando precisamente a favor de los pobres. El desarrollo de indicadores de desempeño que adecuadamente evalúen la satisfacción de las necesidades básicas de los pobres es un reto muy importante para futuras investigaciones.

La contribución más importante de la MCA es su nuevo enfoque para proveer ayuda externa: descentralizar la planificación y los gastos por proporcionar apoyos al presupuesto general de los países que han sido seleccionados más o menos correctamente. Esto es una ruptura radical con antiguas políticas de agencias de donantes que desarrollaban estrategias específicas para los receptores, diseñaban intervenciones específicas, y evaluaban insumos y procesos (Radelet, 2003, p. 181).

Tributación

La implementación oportuna de un proceso de desarrollo requiere no solo gastas para satisfacer las necesidades básicas, pero también centralizada tributación progresiva para pagar los gastos. La tributación es un elemento de los índices que se usan para medir el comportamiento de los gobiernos. Un elemento de Gobernar Efectivamente es un "programa de servicios y información para contribuyentes." El Dominio de la Ley toma en cuenta la evasión tributaria. El Control de Corrupción considera la calidad de los sistemas administrativos para asegurar recaudación justa. Sin embargo, parece dudoso que la tributación reciba el énfasis merecido. Por ejemplo, el Control de Corrupción toma en cuenta 25 otros elementos.

Otro tema importante no es la evasión general, sino la evasión precisamente de las oligarquías. La evasión de la oligarquía contribuye a la desigualdad y a la "patología de política" citada en el Capítulo 9. Por esto, es importante incluir indicadores que aseguren que las oligarquías paguen sus impuestos.

Descentralización de Planificación y Gasto

¿Hasta qué medida están los gastos realmente descentralizados? En principio, el poder de tomar decisiones está descentralizado a los gobiernos receptores, a los Proveedores de Servicios, y a los Ciudadanos. Sin embargo, al distribuir el dinero, se dan señales mezcladas sobre el grado de libertad de los receptores. Por un lado, se informa que los beneficiarios pueden gastar el dinero como ellos deseen; lo que importa es el resultado. Por otro lado, la MCC está encargada de "optimizar la eficiencia en la implementación . . . del programa. . . ." Se"discuten" políticas con los receptores antes de entregar la ayuda. ¿A qué medida inserta la MCC condiciones y directrices a los países receptores? ¿Y a qué punto empiezan los consejos de la MCC a estar contraproducentes? Necesariamente, hay una tensión aquí. Será importante alcanzar el equilibrio más beneficioso.

Cantidad de Ayuda

La cantidad de dinero pedido para la MCA para 2008 es de $3 mil millones USD, y es bien posible que el Congreso no dará toda la cantidad pedida (Herling & Rose, 2007). Claro, la financiación está obviamente muy lejos de la ayuda necesaria para satisfacer las necesidades básicas de todos los pobres dentro de un corto periodo de tiempo. La mayoría de los países en desarrollo tienen débiles sistemas de entrega de servicios y, como consecuencia, los pobres de estos países—y a menudo ellos son los más pobres de los pobres—están automáticamente excluidos de los beneficios del programa (World Bank, 2003, p. 44). Treinta y nueve países están elegibles para solicitar (no recibir actualmente) fondos de la MCA. Las Naciones Unidades clasifica a 137 países como "en desarrollo" (United Nations, 2003, p. 363). Todos los países de América Latina están clasificados como en desarrollo, pero sólo seis están incluidos en la lista de receptores potenciales (Bolivia, El Salvador, Honduras, Nicaragua, Paraguay y Perú) y de estos sólo El Salvador, Honduras y Nicaragua están actualmente recibiendo ayuda.

Países Débiles

Como indicado anteriormente, la mayoría de los países en desarrollo tienen débiles sistemas de entrega de servicio, débiles políticas macroeconómicas, y/o débiles instituciones. El enfoque de la MCA es tratar, no con países débiles, sino con países que tienen una administración relativamente fuerte. Los países débiles están simplemente transferidos a la USAID.

La USAID debe armonizar su enfoque con el de la MCA. Una coordinación estrecha entre la MCA y la USAID podría ayudar a los países débiles a construir los sistemas necesarios para satisfacer los indicadores. Una vez que esto sea alcanzado, ellos podrán cosechar los beneficios no solamente de recibir más dinero, pero también de ayuda descentralizada.

CONCLUSIÓN

El Modelo Descentralización de Ayuda Externa (así como los estudios empíricos y experiencias del Banco Mundial sobre los cuales el modelo está fundado) enseña que la efectividad de la ayuda externa puede mejorarse con la descentralización de planificación y gasto hacia las naciones receptoras que tienen sistemas efectivos de entrega de servicios. Esto contrasta agudamente con el enfoque tradicional en que los donantes diseñan proyectos desde lejos, e imponen condiciones múltiples sobre los receptores para asegurarse de que los proyectos se lleven a cabo. La falta de capacidad administrativa de los donantes y la fungibilidad de la ayuda socavan la efectividad del enfoque tradicional.

La contribución más importante de la *Millennium Challenge Account* es adoptar el nuevo enfoque de ayuda. La MCA no solamente premia administraciones efectivas, pero también promueve su continuo desarrollo. Se espera que la calificación mediana de cada indicador sea un número que crezca continuamente. Para superarla, los países tendrán que mejorarse continuamente. Puede ser que la MCA establezca una saludable competencia entre los países en desarrollo para mejorar sus sistemas de entrega.

Otra fortaleza de la MCA es su viabilidad. Las directrices son claras y simples. La información está disponible. Los criterios para seleccionar receptores son claros, excepto por la discreción otorgada a la MCC.

La principal debilidad de la MCA es su falla en requerir que los gobiernos receptores desarrollen un sistema efectivo para la entrega de bienes y servicios básicos específicamente *para los pobres.* Hay amplios requisitos para establecer un contexto en el cual las empresas privadas puedan prosperar, pero queda la necesidad urgente de mejorar los indicadores para satisfacer las necesidades básicas de los pobres.

NOTAS

1. Las definiciones de ayuda externa están derivados del World Bank, 2003, Box 3, p. 6.
2. El modelo está basado en el *World Development Report* 2004 (Ch. 11).
3. Asimismo, algunos estudios encuentran que el impacto de la ayuda sobre *la totalidad* de gastos de los gobiernos receptores, y sobre sus gastos *para el desarrollo* también varían ampliamente entre países.
4. En este estudio, "fuertes" políticas incluyen no solamente fuertes sistemas de entrega de servicios pero también fuertes políticas macroeconómicas como se discutió anteriormente en la sección de Libertad Económica.

CONCLUSIÓN

La pobreza y desigualdad se extienden por todo Latinoamérica. Aproximadamente uno de cada cuatro latinoamericanos viven con menos de $2 al día. Muchas más personas están condenadas a vivir con $3, $5 o $10 al día. Además, Latinoamérica es la región más desigual de todo el mundo. Dado su bajo ingreso per cápita (aproximadamente un quinto el de los Estados Unidos), la desigualdad extrema implica pobreza desesperada para aquellos que se encuentran al final de la escala de ingresos.

La solución mejor para contrarrestar la pobreza y desigualdad latinoamericanas incluye el satisfacer las necesidades básicas de los pobres para la educación, salud, nutrición y otros bienes y servicios básicos. Si se satisfacen las necesidades básicas de los pobres, serán más productivos, y se crearán nuevas oportunidades para que ganen el ingreso necesario para escapar la pobreza y llevar una vida más plena.

Pero el satisfacer las necesidades básicas rinde más que sólo habilitar a los pobres para que escapen la pobreza. También desarrolla a los países. Hacer a los pobres más productivos acelera la tasa de crecimiento del Producto Interno Bruto (PIB), para que más bienes y servicios estarán disponibles para los consumidores. También rebaja los costos de producción con el resultado de que se aumentan las ganancias y se disminuyen los precios. El satisfacer las necesidades básicas tiende a bajar los impuestos por reducir los gastos gubernamentales para asistencia social y para combatir el crimen.

La descentralización—el proceso progresivo de transferir las decisiones sobre impuestos y gastos desde el gobierno central hacia los gobiernos locales—puede promover la satisfacción de las necesidades básicas en maneras importantes. Primero, fortalecerá el sistema nacional de entregar

Descentralización Para Satisfacer Necesidades Básicas, páginas 171–177
Desechor reservados respicto a cualquier forma de reproducción
© 2009 por Information Age Publishing

bienes y servicios básicos. El acercamiento del gobierno a los pobres puede superar uno de los aspectos más destructivos de la pobreza, la falta de Voz. El fortalecer la Voz de los pobres puede mejorar el Pacto entre los Administradores y los Proveedores de Servicios. El escuchar la Voz de la gente puede facilitar la adaptación de los gastos de los gobiernos locales para que satisfagan las necesidades de los pobres que varían a través de las jurisdicciones, y ayudarán a asegurar las cantidades óptimas de bienes y servicios públicos.

La descentralización puede fortalecer el Poder del Cliente, así como aumentar la participación de los pobres en la producción de bienes y servicios básicos, mejorar el monitoreo, y disminuir la corrupción. La Voz y el Poder del Cliente juntos otorgan los poderes a los pobres haciéndolos sujetos más activos para decidir sus propios destinos, algo que de sí mismo es una de las necesidades básicas más fundamentales. La descentralización puede desarrollar las habilidades de los agentes locales de manera que "aprenden en el trabajo."

Sin embargo, para que la descentralización tenga efectos positivos en la satisfacción de las necesidades básicas, las circunstancias en que la cual toma lugar tienen que ser propicias. Estas circunstancias incluyen una distribución de ingreso casi óptima, un sano sistema político, y una sólida capacidad administrativa en todos los niveles de gobierno.

Si las circunstancias son propicias, la manera de descentralizar es sencillamente la "devolución" de la tributación y gasto al nivel de gobierno que "corresponda" a cada grupo de beneficiarios. Si la distribución de ingreso es óptima, el tipo y la cantidad de cada bien y servicio público serán determinados por la demanda de los Ciudadanos. El papel de cada nivel de gobierno será responder por suministrar los bienes y servicios demandados, y por gravar a los ciudadanos para pagar los costos del suministro. Esto proveerá las cantidades de bienes y servicios públicos que maximicen el bienestar social de cada jurisdicción, inclusive ellos suministrados a los relativamente menos pobres.

El problema es que las circunstancias del mundo real no son las ideales. En vez de una distribución óptima de ingreso, la desigualdad es extrema en toda Latinoamérica. Con frecuencia, el sistema político está controlado por élites y asediado por corrupción. La capacidad administrativa, especialmente la de los Estados y municipalidades, es a menudo débil.

En el mundo real, la devolución en efecto puede reducir la satisfacción de las necesidades básicas y demorar la creación de un proceso de desarrollo incluyente. Por ejemplo, la devolución de la tributación y el gasto desde un gobierno central que favorece a los pobres hacia gobiernos locales que están controlados por élites podría resultar en un sistema de impuestos más regresivo y una disminución de bienes y servicios básicos que están suministrados a los pobres.

El desafío es diseñar un proceso constructivo de descentralización en el contexto de circunstancias imperfectas. Es necesario trabajar a través de las circunstancias imperfectas del mundo real teniendo como meta el ideal de la devolución. Esto lo hace el proceso de descentralización mucho más desafiante que lo que sucedería en un mundo ideal. ¿Qué se puede hacer "aquí y ahora" para avanzar el proceso de la descentralización hacia el ideal?

No hay fórmula sencilla que se pueda aplicar irreflexivamente. Análisis y capacidad empresarial son esenciales. El paso primero es analizar las fortalezas y debilidades del sistema de entrega de servicios para cada nivel de gobierno, a conocer a los agentes (Ciudadanos/Pobres, Políticos/Administradores, y Proveedores de Servicios), y sus relaciones (Voz, Pacto, y Poder de Cliente). Preguntarse ¿se cumplen los supuestos del modelo?

El paso segundo es diseñar un nivel de descentralización política, fiscal y administrativa que explote las fortalezas y sirva para superar las debilidades. El Capítulo 4 puede ayudar en este esfuerzo. La Tabla 4.1 resume los niveles de descentralización. La Tabla 4.2 identifica las principales fortalezas y debilidades de cada nivel y tipo de descentralización.

El paso tercero es poner en la práctica un proyecto planificado de la descentralización. Esto requiere capacidad empresarial de parte de todos los agentes del sistema de entrega de servicios inclusive los pobres.

Los casos de los capítulos 5–10 ilustran este proceso de descentralización. El caso primero fue la descentralización mexicana basada en transferencias desde el gobierno central hacia los gobiernos locales. México centralizó sus impuestos como respuesta al caos fiscal que existía en los Estados y municipalidades. "Delegó" México el gastar y la administración para explotar la capacidad relativa de los Estados y municipalidades de tomar en cuenta las necesidades específicas de sus jurisdicciones y de llevar a cabo los proyectos.

Puesto que las capacidades administrativas de las municipalidades están notoriamente débiles, parece que la delegación de la administración del fondo FAIS para infraestructura social a las municipalidades manifestó una fe en su capacidad de "aprender al hacer." El objetivo de ayudar que los pobres se hagan sujetos de su propio futuro parece ser manifestado en las directrices que requieren la promoción de la plena participación de los pobres en todas las fases de suministrar la infraestructura.

La fortaleza principal de la descentralización basada en transferencias es su capacidad para la redistribución de ingresos proveniente de una tributación centralizada. Sus principales debilidades incluyen un fallo de aprovecharse suficientemente de la capacidad de redistribuir ingresos, Voz débil, y el fallo de crear un amplio y comprensivo plan para satisfacer las necesidades básicas en un período corto de tiempo.

México podría avanzar en el proceso de descentralización proveyendo más fondos para la satisfacción de las necesidades básicas a través de la tributación progresiva. Además, se debe construir un plan comprensivo para satisfacer las necesidades básicas dentro de corto plazo, y se debe comenzar a ponerlo en la práctica coordinando las muchas agencias que suministran bienes y servicios básicos a los pobres.

México podría avanzarse todavía más mejorando la capacidad administrativa de las municipalidades, y delegándoles más responsabilidades sobre los gastos, especialmente en las áreas de la educación y de los servicios básicos de salud.

Puede ser que el purista recomendaría que se devuelva la tributación porque el arreglo presente separa los impuestos de los gastos. Esta separación conduce a cantidades ineficientes de bienes y servicios públicos porque parece que se dan los bienes y servicios gratis, y por esto la gente demanda demasiados.

Esta recomendación pasa por alto la pobreza y desigualdad extrema de América Latina, y la necesidad grave de redistribuir el ingreso tanto por la tributación como por los gastos. El Capítulo 4 demostró que la redistribución es primariamente la responsabilidad del gobierno central. Parece contraproducente devolver la tributación cuando la pobreza y la desigualdad privan a los pobres de la capacidad de pagar los bienes y servicios que reciban del gobierno.

El Capítulo 6 consideró el caso del programa mexicano, OPORTUNIDADES, que entrega un paquete de beneficios de educación, salud y nutrición para las casas de "pobreza extrema" en áreas rurales. La planificación y el financiamiento están centralizados, y la entrega se llevó a cabo por oficinas descentralizadas del gobierno central.

El programa toma en cuenta que el gobierno central tiene una ventaja significativa sobre el Estado y las municipalidades en la planificación: se puede emplear los expertos más avanzados para desarrollar un plan sofisticado para la satisfacción de las necesidades básicas, y se puede obtener los fondos necesarios para poner en práctica el plan. Las oficinas descentralizadas pueden utilizar agencias ya existentes con experiencia y habilidades para entregar los servicios.

El costo de este enfoque altamente centralizado es que la Voz y Poder de Cliente son débiles. Se dejan a los pobres como consumidores bastantes pasivos de los beneficios otorgados por el gobierno federal. La Voz débil tiende a excluir la adaptación de los beneficios según las diversas necesidades a través de las jurisdicciones. El Poder de Cliente débil tiende a debilitar el monitoreo continuo y la participación de los pobres en el proceso de desarrollo. Otra debilidad del programa es que crea demanda adicional para los servicios sin aumentar la oferta.

Se podría argüir que el programa prepare a los pobres para encargarse de sus propias vidas. Cuando sean más educados, sanos y alimentados, los pobres podrán expresar su Voz y Poder de Cliente más francamente. Ojalá que sea la verdad. Sin embargo, el descentralizar algunos aspectos del programa podría fortalecer su impacto. Por ejemplo, el incluir a los pobres en el monitoreo podría mejorar la entrega de servicios. El invitar a los pobres a la participación en la producción de bienes y servicios podría aumentar el suministrarlos a un bajo costo.

El Capítulo 7 presentó el caso muy interesante del Estado de Tlaxcala, México, que descentralizó por crear un nivel cuarto de gobierno, las Presidencias Municipales Comunitarias. Las Presidencias están legalmente subordinadas a sus municipalidades, pero eligen sus propias autoridades, identifican y establecen un orden de prioridades para servicios públicos, planifican sus propios proyectos de desarrollo, y reciben subvenciones federales para llevar a cabo sus proyectos.

La ventaja fascinante del enfoque Tlaxcaleño de descentralización es que aumenta bastante la Voz y Poder de Cliente de los "pobres sin voz." No importa su preparación, los ciudadanos de bajos ingresos fueron transformados en participantes muy activos en el desarrollo de sus comunidades. La literatura informa que resultados sorprendentemente exitosos han seguido la descentralización al nivel de la municipalidad. Será interesante vigilar el impacto generado por las Presidencias sobres los bienes y servicios básicos.

El desafío principal que han enfrentado esas Presidencias es que dependen mucho de los voluntarios, y que los voluntarios tienen una capacidad administrativa limitada. Tampoco es claro que Tlaxcala haya tomado en cuenta el Principio de Correspondencia ni los costos de suministrar los bienes y servicios básicos cuando se formaron las Presidencias Municipales Comunitarias.

Puede ser que el paso próximo para Tlaxcala sea desarrollar la capacidad administrativa de las Presidencias, y coordinar los proyectos de desarrollo entre las comunidades. También, podría ser necesario redefinir las jurisdicciones de algunas Presidencias. Es cierto que se debe considerar el Principio de Correspondencia al formar nuevas Presidencias Municipales Comunitarias.

El Capítulo 8 se centró en las condiciones de un sistema de impuestos que provea fondos para satisfacer las necesidades básicas e implementar un proceso de desarrollo incluyente. Para facilitar tal desarrollo en el contexto latinoamericano de extrema desigualdad y pobreza, se necesita un sistema de impuestos centralizado y progresivo. A pesar de esta evidente realidad, el Banco Mundial ha adoptado la controvertida política de imponer impuestos regresivos sobre los gobiernos nacionales de países en vía de desarrollo. El Banco adoptó la política para aumentar ingresos tributarios rápidamente y así resolver las crisis de las deudas externas que amenazaba la estabilidad de los bancos internacionales. Aunque no fue la intención, el resultado puede ser más desigualdad, más dominación de parte de las oligarquías, y más "patología de política" que demora la implementación de desarrollo incluyente.

La misión del Banco Mundial no es salvar bancos. Tampoco es aumentar ingresos por tributación regresiva. La misión es—o debe ser—la de promover el desarrollo incluyente. Por esto, el Banco debe cambiar de objetivo y comenzar a presionar a los países en vía de desarrollo para hacer sus sistemas tributarios más progresivos. El desafío ineludible para los agentes de políticas de los países latinoamericanos es revertir la política del Banco Mundial, instituir tributación progresiva al nivel nacional, y transferir los ingresos tributarios a los gobiernos locales para que ellos satisfagan las necesidades básicas.

El Capítulo 9 estudió el caso de El Salvador que ha reformado su sistema tributario según las pautas del Banco Mundial. El efecto fue, a lo mejor, la continuación de un sistema tributario altamente regresivo. Esto prolonga la desigualdad que obstaculiza la implementación del desarrollo incluyente.

Tanto los ingresos tributarios de El Salvador como los gastos para la salud y la educación crecieron impresionantemente por los primeros seis años después de la reforma, pero en los años siguientes la tasa de crecimiento cayó debajo del nivel del período antes de la reforma poniendo en duda el efecto de largo plazo.

En pocas palabras, se han pagado los costos por gravar más a las clases económicas más necesitadas. Esto les deja menos dinero para comprar bienes y servicios básicos, y así se obstaculiza la implementación del desarrollo incluyente.

Los Ciudadanos de El Salvador se enfrentan al desafío de superar la tradición y elegir políticos que están dispuestos a imponer un sistema tributario progresivo y a gastar fondos suficientes para satisfacer las necesidades básicas en poco tiempo. El movimiento de la democracia por toda Latinoamérica ofrece nuevas oportunidades de satisfacer este desafío.

El último capítulo muestra que los Estados Unidos han descentralizado su ayuda externa otorgándola a los países que sean capaces y estén dispuestos a usarla bien, y por devolver la planificación y el gasto a los receptores. Se usan tres clases de indicadores de desempeño para determinar cuáles son los países dignos de recibir esa ayuda.

La ventaja principal de este enfoque es que libera a los países receptores de aceptar criterios externos y los impulsa a diseñar e implementar sus propios programas para satisfacer las necesidades básicas. Sería difícil dirigir todo el mundo desde Washington.

La desventaja principal del programa es que los indicadores de desempeño sobre enfatizan la creación de un ambiente favorable para el comercio internacional. También, los indicadores no son los adecuados para determinar el éxito con que un país determinado satisface las necesidades básicas de los pobres.

Los pasos futuros de este programa deben incluir el mejorar los indicadores para que revelen mejor los logros en satisfacer las necesidades básicas tanto a través el sistema de impuestos como la distribución de los gastos. Crear un ambiente favorable para los negocios sirve hasta un punto, pero se necesita saber también si el país está preparando a los pobres para participar en el mundo comercial. Otro paso más sería aumentar la cantidad de ayuda a países que demuestren estar preparados para usarla bien. Se debería coordinar el programa MCA con la ayuda suministrada por USAID para los países muy pobres que no están capaces de satisfacer los indicadores. Por fin, se debe clarificar el papel de la junta directiva que maneja la ayuda evitando que imponga condiciones no productivas sobre los países receptores.

El desarrollo incluyente por satisfacer las necesidades básicas de los pobres de Latinoamérica es un desafío urgente. La descentralización puede ser una ayuda significativa en cumplir con este desafío. Si este libro mejora la comprensión del lector del proceso por el cual la descentralización puede mejorar la satisfacción de las necesidades básicas de los pobres, y si aumenta sus habilidades de ponerla en práctica, habrá alcanzado su objetivo.

BIBLIOGRAFÍA

Aghón, Gabriel. (1993). *Descentralización Fiscal: Marco Conceptual.* Santiago: Naciones Unidas Comisión Económica para América Latina y El Caribe (CEPAL).

Banco Central de Reserva de El Salvador. Índice de Precios al Consumidor, Global y por Divisiones, Variación Anual, desde 1994. 27 julio 2008 <http://www.bcr.gob.sv/Estadísticas/Series Estadísticas/>.

Banco Central de Reserva de El Salvador. Ingresos Totales desde 1980. 10 junio 2007 <http://www.bcr.gob.sv/Estadísticas/Series Estadísticas>.

BEA (Bureau of Economic Analysis). (2005, January 28). Table 1.1.5 Gross Domestic Product. *National Income and Product Accounts Tables.* Bureau of Economic Analysis. 11 February 2005. <http://www.bea.doc.gov/Gross Domestic Product/Interactive NIPA Tables/Frequently Requested NIPA Tables/Table 1.1.5.

Behrman, J., and J. Hoddinott. (2000, July) An evaluation of the impact of PROGRESA on preschool child height." *FCND Research Theme.* International Food Policy Research Institute. 5 March 2005. <http://www.ifpri.org/themes/progresa.htm>.

Blandón de Grajeda, Flora. (2003, Octubre). "Algunos apuntes sobre desarrollo local y descentralización. El Salvador, Universidad Centroamericana José Simeón Cañas: *Estudios Centroamericanos* pp. 971–981.

Bush, George W. (2002, March 14). President Proposes $5 Billion Plan to Help Developing Nations. August 14, 2008 http://www.whitehouse.gov/news/releases/2002/03/20020314-7.html>.

Bush, George W. (2002). The Millennium Challenge Account. *The White House.* August 14, 2008 <http://www.whitehouse.gov/infocus/developingnations/millennium.html>.

Caliari, A. (2003, June). The Millennium Challenge Account: Unlearning How to Make Aid Work? *Center Focus* No. 160. Center of Concern. 12 Feb 2005 <http://www.coc.org>.

Descentralización Para Satisfacer Necesidades Básicas, páginas 179–184
Desechor reservados respicto a cualquier forma de reproducción
© 2009 por Information Age Publishing

Cámara de Diputados. (2005, 12 de febrero). La descentralización del gasto público a través de las participaciones y aportaciones federales a los estados y municipios. *Dirección de Servicios de Bibliotecas.* <http://www.cddhcu.gob.mx/sia/ ecoycom.htm>.

CEPAL (2006). Estudio económico de América Latina y el Caribe • 2005–2006: República Bolivariana de Venezuela. 29 diciembre 2006 www.eclac.cl/publicaciones/xml/ 5/26135/Venezuela.pdf

Chhibber, A., Khalilzadeh-Shirazi, J. (1988). Public Finances in Adjustment Programs. Pre-working Paper 128. World Bank, Country Economics Department, Washington, D.C.

CIDAI (Centro de Información, Documentación y Apoyo a la Investigación de la Universidad Centroamericana José Simeón Cañas). (2008). Corrupción y Evasión fiscal en El Salvador. *Proceso, año 28* (números 1275–1281).

Coady, David P. (2001, May). An Evaluation of the Distributional Power of PROGRESA's Cash Transfers in Mexico. *International Food Policy Research.* International Food Policy Research Institute. January 20, 2004 <http://www.ifpri.org/themes/progresa.htm>.

Collier, P., & Dollar, D. (1998). *Aid Allocation and Poverty Reduction.* World Bank, Development Research Group, Washington, D.C., 1998.

Congressional Budget Office (2006). Deficits, Surpluses, Debt, and Related Series, 1962 to 2005. December 14, 2006 </www.cbo.gov./Historical Data/Table 11>.

Constitución Política del Estado Libre y Soberano del Estado de Tlaxcala. (1998, septiembre). 12 March 2005 <http://www.tsjtlaxcala.gob.mx/leyes.htm>.

Drèze, Jean, and Amartya Sen. (1995). India: Economic Development and Social Opportunity. Oxford: Clarendon Press.

Familia, Chimalhuacan México. Entrevista personal, 16 agosto 2004.

Franko, P. (2003). *The Puzzle of Latin American Economic Development* (2nd ed.). New York: Rowman & Littlefield Publishers, Inc.

Freedom House. (2004, September 15). Freedom in the world 2004: Survey methodology. *Freedom House.* March 10, 2004 <http://www.freedomhouse.org/ Research and Publications—Freedom in the World/Methodology.

Fuentes, Rubén Romano. Entrevista personal, 24 julio 2003.

Gershberg, A., & Winkler, D. (2000). Education Decentralization in Latin America: The Effects on the Quality of Schooling. In B.S. Javed, F. Eid, M.E. Freire, V. Vergra, & G.E. Perry (Eds.), *Proceedings of the Annual World Bank Conference on Development in Latin America and the Caribbean 1999.* Washington, DC: World Bank.

Giugale, M.M., & Webb, S.B. (Eds.). (2000, May). Achievements and Challenges of Fiscal Decentralization: Lessons from Mexico. *The World Bank.* May 2000. February 14, 2005 <http://www.worldbank.org.>. Path: search title.

Herling, S. & Rose, S. (2007, March 30). Will the Millennium Challenge Account Be Caught in the Crosshairs? A Critical Year for Full Funding. *Center for Global Development.* August 12, 2008 <http://www.cgdev.org/content/publications/detail/13398>.

Hicks, Norman. (1979). Growth vs. Basic Needs: Is There a Trade-Off? *World Development* pp. 985–994.

Hicks, N. (1980, June). Is There a Tradeoff between Growth and Basic Needs? *Finance and Development*, pp. 17–20.

Hoddinott, J., Skoufias,E., & Washburn, R. (2000, September) The impact of PROGRESA on Consumption: A final report. *International Food Policy Research Institute.* March 5, 2005 < http://www.ifpri.org/themes/progresa.htm >

IDB (Inter-American Development Bank). (1996a). *Economic and Social Progress in Latin America: 1996 Report.* Baltimore: The Johns Hopkins University Press.

IDB (Inter-American Development Bank). (1996b). *Reform of Tax Administration in Latin America: Progress and Perspectives.* (Seminar sponsored by the Inter-American Development Bank, July 26–27, 1993). Washington, DC: Inter-American Development Bank.

IMF (International Monetary Fund). (varios años). *Government Finance Statistics Yearbook.* Washington, DC: International Monetary Fund.

INEGI (Instituto Nacional de Información Estadística Geografía y Informática). (1996). Encuesta Nacional de Ingresos y Gastos de los Hogares. México: Autor.

Knight, J.B., Sabot, R.H., & Hovey, D.C. (1992, August). Is the Rate of Return on Primary Schooling Really 26 Per Cent? *Journal of African Economies*, pp. 192–205.

LCF ("Ley de Coordinación Fiscal"). (27 diciembre 1978). *Cámara de Diputados del H. Congreso de la Unión.* 12 marzo 2005 <http://www.cddhcu.gob.mx/ leyinfo/ pdf/31.pdf>.

Ley Orgánica Municipal del Estado de Tlaxcala. (2005, 12 marzo). *SEGOB* (Secretaría de Gobernación de México). <http://www.e-local.gob.mx/wb2/ELOCAL/ ELOC_lomtlax>.

Lindert, P., Pugel, T.L. (2000). *International Economics.* (11th ed.). St. Louis: Irwin McGraw-Hill.

Londoño, J.L. (1996). *Poverty, Inequality, and Human Capital Development in Latin America, 1950–2025.* Washington, DC: The World Bank.

López Barroso, Juan Daniel. Entrevista personal, 21 septiembre 2004.

Lucas, S., & Radelet, S. (2004). An MCA Scorecard: Who Qualified, Who Did Not, and the MCC Board's Use of Discretion. *Center for Global Development.* March 12, 2005 <http://www.cgdev.org/Publications/?PubID=118>.

Marín, Angélica. Entrevista personal. 17 octubre 2003.

Marquis, C. (2004, 22 febrero) New System Begins Rerouting Aid for Poor Countries, *New York Times.* <http//www.nytimes.com>.

MCC (Millennium Challenge Account). August 12, 2008 <http://www.mca.gov/ documents/mcc-fy08-guidetoindicatorsandtheselectionprocess.pdf>.

McConnell, C.R., & Brue, S.L.(2002). *Economics: Principles, Problems and Policies* (15th ed.). St. Louis, MO: McGraw-Hill Irwin.

Mexican Economic Report. (2004, June). *Lloyd.* February 18, 2005 <http://www. lloyd. com.mx/en/reportes/June.pdf>.

Ministerio de Hacienda de El Salvador. (1987). *Manual de Clasificación de Ingresos.* San Salvador: Dirección de Planificación Fiscal.

Ministerio de Hacienda de El Salvador. 19 mayo 2008 <http://www.mh.gov.sv>.

Morley, S.A. (1995). *Poverty and Inequality in Latin America: The Impact of Adjustment and Recovery in the 1980s.* Baltimore: The Johns Hopkins University Press.

Musgrave, R.A., & Musgrave, P.B. (1989). *Public Finance in Theory and Practice* (5th ed.). St. Louis: McGraw-Hill.

Nafziger, E.W. (1997). *The Economics of Developing Countries* (3rd ed.). Englewood Cliffs, New Jersey: Prentice Hall.

Narayan, D., Patel, R., Schafft, K., Rademacher, A. & Koch-Schulte, S. (2000). *Voices of the Poor: Can Anyone Hear Us?* New York: Oxford University Press.

Newbery, D., Stern, N. (Eds.). (1987). *The Theory of Taxation for Developing Countries.* New York: Oxford University Press.

Oates, W.E. (1972). *Fiscal Federalism.* New York: Harcourt Brace Jovanovich, Inc.

O'Driscoll, G.P. Jr., Holmes, K.R., & Kirkpatrick, M. (2001). Index of Economic Freedom. Washington, DC: Heritage Foundation and Dow Jones & Company, Inc.

OECD (Organization for Economic Cooperation and Development). (2004a, August 8). Gross Domestic Product. February, 2005 *OECD Building Partnerships for Progress.* <http://www.oecd.org/dataoecd/48/4/33727936.pdf>.

OECD (Organization for Economic Cooperation and Development). (2004b, August 8). Gross Bilateral Official Development Assistance, 2002–2003. *OECD Building Partnerships for Progress* <http://www.oecd.org/dataoecd/42/30/1860571.gif>

OECD (Organization for Economic Cooperation and Development). (2008). Mexico: Official Development Assistance, 2004–2006. *OECD Building Partnerships for Progress* August 11, 2008 <http://www.oecd.org/dataoecd/23/3/1882326.gif>

Olmedo Carranza, R. (1999). *El Poder Comunitario en Tlaxcala: Las Presidencias Municipales Auxiliares.* México DF: Editorial Comuna.

Olmedo Carranza, R. (2003, 22 julio). Entrevista personal.

Olmedo Carranza, R. (2004, 17 agosto). Entrevista personal.

Olmedo Carranza, R. (2004, 18 agosto). Entrevista telefónica.

Pan, E. (2004, 28 mayo). Foreign aid: Millennium challenge account. *Council on Foreign Relations.* 17 febrero 2005 <http://www.cfr.org>. Sendero: buscar autor y título.

Pasicolan, P., & Fitzgerald, S. (2002, October 18). The Millennium Challenge Account: Linking Aid with Economic Freedom. *The Heritage Foundation, Policy Reseach and Analysis* March 12, 2005 <http://www.heritage.org/Research/Tradeand ForeignAid/bg1602.cfm >.

Pito, C. (1993). *La reforma tributaria en América Latina en la década de los años 80: efectos de suficiencia, equidad, neutralidad y simplificación.* Washington, DC: Banco Interamericano de Desarrollo.

Plan Estatal de Desarrollo 1999–2005. (1998). *Estado de Tlaxcala, Coordinación General de Informática.* 24 febrero 2004 <http://www.tlaxcala.gob.mx/portal/plan/plandesarrollo.html>.

Psacharopoulos, G. (1994). Returns to Investment in Education: A Global Update. *World Development.* 22, pp. 1325–1343.

Radelet, S. (2003, Spring). Will the Millennium Challenge Account Be Different? *The Washington Quarterly* 22(9) May 25, 2004 <http://www.twq.com/03spring/docs/03spring_radelet.pdf >.

Raich, U. *Impactos de la descentralización del gasto en los municipios mexicanos.* 12 febrero 2005 <http://www.transparencia.org.mx/docs/descentralizacion.pdf>.

Ramirez Hernández, Lic. C.G. (2004, 4 abril). Entrevista personal.

Random House. (1991). *Webster's College Dictionary.* New York: McGraw-Hill.

Rosen, H.S. (2005). *Public Financ.* (7th ed.). St. Louis: McGraw-Hill Irwin.

Sachs, J.D., Larrain B, F. (1993). *Macroeconomics in the Global Economy.* Englewood Cliffs, New Jersey: Prentice Hall.

Scott, J. (2001, May 14). High Inequality, Low Revenue: Redistributive Efficiency of Latin American Fiscal Policy in Comparative Perspective. *CIDE (Centro de Investigación y Ciencia Económica).* CIDE. February 19, 2005 <http://www.iadb.org>. Path: advanced search of title.

SEGOB, CEDEMUN, & INEGI. (1995). Censo Nacional de Desarrollo Municipal. México, D.F.

Sen, A. (2000). *Development as Freedom.* New York: Anchor Books.

Shah, A. (2008, April 27). Foreign Aid Numbers in Charts and Graphs. *Global Issues.* August 11, 2008 <http://www.globalissues.org/Foreign Aid>.

Skoufias, E. (2001, December). PROGRESA and its Impacts on the Human Capital and Welfare of Households in Rural Mexico: A Synthesis of the Results of an Evaluation by IFPRI. *International Food Policy Research Institute.* February 23, 2005 < http://www.ifpri.org/themes/progresa.htm >.

Skoufias, E. (2000, May). The Education, Health and Nutrition (PROGRESA) Program of Mexico. *International Food Policy Research Institute.* February 23, 2005 <http://www.ifpri.org/themes/progresa.htm>.

Skoufias, E., Davis, B. & Behrman, J.R. (1999, June). Final Report: An Evaluation of the Selection of Beneficiary Households in the Education, Health, and Nutrition Program (PROGRESA) of Mexico. *International Food Policy Research Institute.* February 23, 2005 <http://www.ifpri.org/themes/ progresa.htm>.

Stewart, F. (1985). *Basic Needs in Developing Countries.* Baltimore: The Johns Hopkins University Press.

Streeten, P., Burki, S.J., Haq, M.U., Hicks, N. & Stewart, F. (1981). *First Things First: Meeting Basic Human Needs in Developing Countries.* New York: Oxford University Press.

Székely, M. & Hilgert, M. (1999, December). *What Is Behind the Inequality We Measure: An Investigation Using Latin American Data?* IADB Working Paper no. 409.

Tanzi, V. (1996). Tax Reform in Latin America in the Past Decade in Inter-American Development Bank, *Reform of Tax Administration in Latin America,* pp. 17–37.

Thirsk, W. (1997). *Tax Reform in Developing Countries.* Washington, DC: The World Bank.

Trigueros, A.A. (Sin fecha). *Respondiendo a los desafíos fiscales en El Salvador.* San Salvador: FUSADES, Estudios estratégicos, Departamento de Estudios Económicos y Sociales.

United Nations. (2000). *Human Development Report 2000: Human Rights and Human Development.* New York: Oxford University Press.

United Nations. (2001). *Human Development Report 2001: Making New Technologies Work for Human Development.* New York: Oxford University Press.

United Nations. (2003). *Human Development Report 2003: Millennium Development Goals: A Compact Among Nations to End Human Poverty.* New York: Oxford University Press.

United Nations. (2004). *Human Development Report 2004: Cultural Liberty in Today's Diverse World.* New York: Oxford University Press.

United Nations (2006). *Human Development Report 2006: Beyond Scarcity: Power, Poverty and the Global Water Crisis.* New York: Oxford University Press.

World Bank. (1990). *World Debt Tables 1990–91.* Vol. 2. Country Tables. Washington DC: The World Bank.

World Bank (1991). *Lessons of Tax Reform.* Washington, DC: The World Bank.

World Bank (1992). *World Development Report 1992: Development and the Environment.* Washington, DC: The World Bank.

World Bank. (1994). *World Development Report 1994: Infrastructure for Development.* Washington, DC: The World Bank.

World Bank. (1996). *World Debt Tables 1996.* Vol. 2. Country Tables. Washington DC: The World Bank.

World Bank. (1998). Assessing Aid: What Works, What Doesn't, and Why. *Aid Effectiveness Research.* The World Bank. February 26, 2005 <http:// www.worldbank.org>. Path: Search the title.

World Bank. (2000). *World Development Report 2000/2001: Attacking Poverty.* Washington, DC: The World Bank.

World Bank. (2001a). Governance & Anti-Corruption. *WBI Themes.* The World Bank. March 12, 2005 <http://www.worldbank.org/wbi/governance/>.

World Bank. (2001b). *World Development Report 2000/2001: Attacking Poverty.* New York: Oxford University Press.

World Bank. (2003a). *World Development Report 2003: Sustainable Development in a Dynamic World, Transforming Institutions, Growth, and Quality of Life.* Washington, DC: The World Bank.

World Bank. (2003b). *World Development Report 2004: Making Services Work for Poor People.* Washington, DC: The World Bank.

World Bank. (2006). Designing Tax Structure. September 6, 2006 <http://www.worldbank.org./Topics / Public Sector Governance / Public Finance / Tax and Customs Policy Administration / Designing Tax Structures / Bank and Fund Advice>.

World Wide Military Expenditures. (2005, February 5). Global Security.org. Global Security. March 12, 2005 <http://www.globalsecurity.org/military/world/spending.htm>.

ÍNDICE

Descentralización Para Satisfacer Necesidades Básicas, páginas 185–193
Desechor reservados respicto a cualquier forma de reproducción
© 2009 por Information Age Publishing

D

F

G

H

I

K

L

M

R

S

T

U

V

EL AUTOR

El Dr. James Michael McGuire cursó el doctorado en la Universidad de Syracuse en Nueva York con las especialidades en Finanzas Públicas y Economía Urbana. Es Profesor de Economía en la Universidad Incarnate Word, en San Antonio, Texas, USA, en donde da clases de Economía Latinoamericana, Finanzas Públicas, y Economía Internacional. Fue becado por Fulbright a la Universidad Centroamericana José Simeón Cañas (UCA) de El Salvador, 1989–1991. El regresa cada año a la UCA para hacer investigaciones y dar clases en la Maestría de Dirección de Empresas (MADE). Sus investigaciones se enfocan en las finanzas públicas del desarrollo incluyente de América Latina.

Descentralización Para Satisfacer Necesidades Básicas, página 193
Desechor reservados respicto a cualquier forma de reproducción
© 2009 por Information Age Publishing

www.ingramcontent.com/pod-product-compliance
Lightning Source LLC
LaVergne TN
LVHW052320200926
848481LV00002B/624

* 9 7 8 1 6 0 7 5 2 0 0 8 5 *